Ulrich Wickert

Wetter-geschichten

Gatsby

Für den Blick hinter die Verlagskulissen:
www.kampaverlag.ch/newsletter

Gatsby Bücher erscheinen im
Kampa Verlag.

Alle Rechte vorbehalten
Copyright © 2019 by Ulrich Wickert
Für diese Ausgabe
Copyright © 2019 by Kampa Verlag AG, Zürich
www.kampaverlag.ch
www.gatsbyverlag.ch
Covergestaltung: Herr K | Jan Kermes, Leipzig
Covermotiv: iStock / GeorgePeters
Satz: TristanWalkhoefer, Leipzig
Gesetzt aus der Stempel Garamond LT
Druck und Bindung: Friedrich Pustet, Regensburg
Auch als E-Book erhältlich
ISBN 978 3 311 25008 1

Verbreitet
Niederschläge

Krisenlösung

Zu viel Werbung kann dem Geschäft abträg-
lich sein. Da hatte der Chef eines Pizza-
ladens in Washington verbreitet, an der Menge
der nachts bestellten Pizzas könne er vorher-
sagen, ob sich eine Krise in der Welt anbahne.
Der Grund: Bei ihm ordern die Geheimagenten
des amerikanischen Geheimdienstes CIA, wenn
ihnen während einer nächtlichen Krisensitzung
der Magen knurrt. Kaum stand dies in der Zeitung, gab es keine vorhersehbaren Weltkrisen
mehr.

Bunte Vögel

Offensichtlich ist es besser, in einem Club mit Dach und Wänden Sport zu treiben, als an der frischen Luft. Zumindest im Elsass. Dort kann ein Bussard die Jogger nicht ausstehen, und wenn Jogger durch den Wald laufen, kreist der Raubvogel über ihnen, stößt herab und hackt hinterrücks auf sie ein. Die Polizei des Örtchens Maîche schlägt vor, die Jogger sollten doch Kopfschutzhelme tragen wie die amerikanischen Footballspieler. Die aber sind ja meist mit grellen Farben angemalt. Grelle Farben aber, so meinen Ornithologen, seien wahrscheinlich der Grund für die Aufregung des Bussards, der sich über die schreiend bunten Freizeitanzüge erbost. Der Vogel hat offenbar Geschmack.

Gerechte Strafe

In der Wiener U-Bahn-Linie Nummer 3 musste eine Frau 400 Schilling Strafe zahlen, weil sie am Stephansplatz von zwei Kontrolleuren ohne Billett angetroffen wurde. Sie behauptete zwar, eine Fahrkarte gelöst zu haben, doch alle anderen Fahrgäste weigerten sich, zu ihren Gunsten auszusagen, denn die Frau hatte einen farbigen Mitfahrer mit rassistischen Sprüchen beschimpft, woraufhin er der Frau den Fahrschein aus der Hand riss und aufaß.

Obszöne Bibel

Der Umgang mit Büchern fällt intoleranten Menschen immer schwer. In Amerika haben christliche Fanatiker es geschafft, zahlreiche literarische Klassiker aus Stadt- und Schulbibliotheken zu verbannen. Jetzt gingen die fundamentalistischen Christen so weit, die Bibel in der Schule von Brooklyn Center in Minnesota verbieten zu wollen, da es darin von gewalttätigen und obszönen Passagen wimmele. Die erleuchtete Schulverwaltung lehnte den Antrag jedoch einstimmig ab.

Tierliebe

Als tierlieb haben sich die Richter des Verwaltungsgerichts in Würzburg erwiesen. Sie haben letztens ein Open-Air-Konzert mit drei Livebands in einer Burgruine untersagt. Diese Burgruine – so die Hüter des Gesetzes – liege in einem besonders wertvollen Naturschutzgebiet, und durch die laute Musik würde das Paarungsverhalten von Insekten gestört.

Lauter Lärm

Wie laut wiehert ein Amtsschimmel?« Diese Frage stellt ein Abgeordneter aus dem Gemeinderat von Düren, denn dort wird viel Lärm um nichts gemacht. Schon lange rauscht ein Bach mitten durch die Stadt, und dieses Natursubjekt erzeugte einen Lärm von rund 60 Dezibel. Nun wurde am Mühlenteich wieder ein Mühlrad gebaut, das nicht nur schön ist, sondern auch Elektrizität erzeugt und das Rauschen des Baches auf 52 Dezibel dämpft. Ein Beamter will das Mühlrad jetzt wieder abschaffen, da die Vorschriften dafür nur einen Lärm von 45 Dezibel zulassen.

Abschreckende Dummheit

Heute früh hat ein Dieb in Göttingen einen Polizeihund aus dem Zwinger der Bahnpolizei geklaut. Als die von der Bahnpolizei alarmierten Schupos kamen und den Dieb stellen wollten, griff der Polizeihund die Wachleute an. Die konnten sich durch einen Sprung in ihren Streifenwagen retten. Nur die Dummheit des Diebes half ihnen dann weiter. Statt wegzurennen, ließ er sich von den Bullen überreden, den Hund anzubinden. Kaum hatte er es getan, haben die ganz unbarmherzig den Dieb verhaftet.

Empfindlicher Magen

Beute machen ist zwar nicht die Aufgabe von Soldaten, aber die tun ja sowieso manches, was nicht unter die Dienstvorschriften fällt. Deshalb sind zwei Bundeswehroffiziere sogar degradiert worden. Sie hatten nämlich das Zubereiten und den Verzehr von Regenwürmern als Lektion für die Ausbildung von wehrpflichtigen Sanitätssoldaten angeordnet. Zwei Rekruten haben mit Ekel und Abscheu die Würmer gegessen, ein dritter lief an einem Wurm würgend im Kreise herum, und der vierte übergab sich. Der Bataillonskommandeur hatte das Regenwurmessen zwar verboten, konnte es aber nicht verhindern, weil er zur Zeit des Regenwurmvorfalls gerade krank war. – Er hat einen empfindlichen Magen.

Im Angebot

In ländlichen Gegenden Amerikas gibt es für Jugendliche wenig Unterhaltungsangebote, weshalb sie sich auf den Parkplätzen nachts geöffneter Läden treffen. Da werden die Teenager schon mal ausfällig, was wiederum Kunden abschreckt. Weder Verbotsschilder noch Polizeieinsätze konnten daran etwas ändern. Jetzt haben die Ladenbesitzer eine wirksame Waffe gegen die Jugendlichen gefunden. Sie lassen ganz einfach Musik durch Lautsprecher ertönen, und die Teenager verschwinden holterdiepolter. Nun handelt es sich bei der Musik um besonders ausgesuchte Töne. Als Vertreibungshits gelten Mozarts *Kleine Nachtmusik* oder auch Bachs *Brandenburgische Konzerte*. Ein Ladenbesitzer im kalifornischen Sacramento schwört auf Beethovens *Neunte*.

Leseeifer

Lassen Sie es sich eine Lehre sein, was der amerikanischen Grundschullehrerin Carol Stevenson widerfuhr. Sie hatte gewettet, dass ihre 23 Schüler es nicht schaffen würden, in einem Monat 7000 Buchseiten zu lesen. Sie verlor haushoch und musste deshalb sieben lebende Regenwürmer essen. Aber die Schüler hatten Mitleid mit ihrer Lehrerin und brachten ihr Ketchup und Senf mit.

Aus der Geschichte lernen

Wenn mit den vorhandenen Steuern nicht genug Geld in die Kassen kommt, macht man entweder Schulden oder erfindet neue Abgaben. Da waren die preußischen Fürsten erfindungsreicher als heute der bayrische Bundesfinanzminister: König Friedrich 1. von Preußen forderte von unverheirateten Frauen vierteljährlich sechs Groschen »Jungfernsteuer«, sein Sohn, Friedrich Wilhelm 1., führte die Vergnügungssteuer auf Lustbarkeiten aller Art ein, und schließlich wurde sogar eine Abgabe verlangt für den Besitz von Strümpfen und Pantoffeln und für das Tragen von Perücken. Neidisch blicken wir zurück auf eine Zeit, in der Politik noch mit Phantasie betrieben wurde.

Heilsam

Es klagen ja so viele Menschen über den Verlust der Werte in der Gesellschaft. Auch Herr Nitsche tat dies, als er bei seinem Arzt ein kleines Wehwehchen behandeln ließ. Der Arzt stimmte in das Klagelied ein, der Mammon sei aller Götze, drum sei keiner mehr bereit, sich übergeordneten Werten unterzuordnen, ließ zwei Tassen Kaffee kommen, und eine geschlagene halbe Stunde untersuchten Arzt und Patient die Gebrechen der Gesellschaft. Zwei Wochen später erhielt Herr Nitsche die Arztrechnung. Sie war ungewöhnlich hoch. Der Grund? »Besonders intensive Beratung«.

Therapie angenommen

Endlich eine gute Meldung. Die Nachrichten-agentur Reuters tickert heute um 14 Uhr 23 durch: Die amerikanischen Herzspezialisten Dr. Gary Friedman und Arthur Klasky hätten ein Mittel gefunden, mit dem jeder Mensch die Gefahr eines Herzinfarkts um 50 Prozent ver-mindern könne. Die Doktoren raten, jeden Tag zwei Gläser Bier, Wein oder Schnaps zu trinken. Das scheint sich schnell herumgesprochen zu haben, denn die Deutsche Presseagentur meldet um 14 Uhr 29: Die Deutschen sind Weltmeister im Trinken.

Danksagung

In Amerika, dem Land der unbegrenzten Möglichkeiten, kann man ja alles verkaufen, auch die Glückseligkeit. Aber manchmal geht es auch daneben. Der todkranke Tom wollte nichts unversucht lassen und schickte dem Glückseligkeit verheißenden Prediger Robert Tilton eine Spende über 75 Dollar, doch bald darauf starb er. Vier Monate später bedankte sich der Gottesmann bei Tom für die Spende und bat um mehr. Doch nur die trauernde Witwe las, was der Prediger versprach: »Gott redete heute Morgen zu mir vor allem über dich, Tom, und er wird dich heilen.« Im Land der unbegrenzten Möglichkeiten gibt's da nur eins, und das tat die Witwe: Sie verklagte den Prediger auf 40 Millionen Dollar Schadensersatz, denn sie habe einen Schock erlitten. Und fordert vom Gericht zu klären, ob Gott vergesslich sei.

Durchschnittliche Langfinger

Waschlappen werden in Schweizer Hotels am häufigsten geklaut, meldet die Fachzeitschrift *htr hotel revue*. Denen folgen Badeartikel, Bademäntel, Zahnputzgläser. Die Zeitschrift schließt daraus, »dass der durchschnittliche Langfinger ein recht reinlicher Typ ist«. Es verschwinden aber auch große Gegenstände wie Terrassenstühle, Staubsauger und Fernsehgeräte. Die Diebe lassen sich in zwei Gruppen einteilen. Der Geschäftsmann stiehlt danach mehr als der Feriengast. Und der Geschäftsmann greift schneller zu, der Feriengast ist dagegen wählerischer. Er hat ja auch mehr Zeit bei schlechtem Wetter.

Höchstes Lob

E r war ein Kunsthandwerker, wenn Sie wollen, so etwas wie ein Tischler. Niemand
hat gelitten, er war sehr schnell«, so beschrieb
Joyce Dernley aus Sydney die Handfertigkeit ihres letzte Woche verstorbenen Mannes. Der war
einst Großbritanniens letzter Henker.

Opium fürs Volk

Das traditionelle Gericht Hammelragout mit Kartoffeln wird in Restaurants des zentralchinesischen Ortes Chongqing besonders schmackhaft zubereitet. Doch den Köchen von achtzig Gaststätten machte die Polizei jetzt einen Strich durch die Rechnung: Sie beschlagnahmte die Gewürze. Denn das waren besondere Kräuter: Ein Pfund Opium im Monat verkochte jeder Küchenchef mit seinem Ragout.

Im Garn des Meeres

Weil sie in der *Nordsee-Zeitung* stand, stimmt auch diese Meldung: An Bord eines Schiffes im niederländischen Wattenmeer überkam einen Brautvater während der Hochzeitsfeier für seine Tochter die Seekrankheit. Über der Reling hängend opferte er Neptun alles, so auch seine Zahnprothese. Drei Monate später zog ein Fischer aus Amsterdam einen riesigen Kabeljau aus der Nordsee und fand im Bauch des Fisches – ein Gebiss. Darüber amüsierte sich der Lokalsender *Noord-Holland*, den wiederum der zahnlos mümmelnde Mann hörte. Er fuhr zum Sender, wo die Prothese lag – und sie passte.

Heißer Abschied

Was nicht verboten ist, ist erlaubt, sagte sich beim letzten Hamburger Alstereisvergnügen ein frierender Standbesitzer und brachte ein Heizgerät mit, das sich unbemerkt durch das Eis nach unten verabschiedete.

Gerissen

Bücher sind die neue Droge. Es gibt sogar eine Beschaffungskriminalität. Am schlimmsten trifft sie Universitätsbibliotheken. Angehende Juristen und Theologen scheinen am meisten suchtgefährdet – sie sind Spitzendiebe, obwohl die Theologen doch predigen: »Du sollst nicht stehlen«, und die Juristen für die Einhaltung der Gesetze zuständig sind. Entsetzt meldet Jürgen Kenst von der Universitätsbibliothek Mainz: »Neulich hatte ich sogar ein Kirchenrechtslexikon in der Hand, in dem die Artikel *Eigentum* und *Gewissen* fehlten. Jemand hatte sie rausgerissen.«

Wehe, es guckt keiner!

Wie weit das Fernsehen die Geschichte beherrscht, zeigt der Ausspruch von Jukka Knuuti, einem Beamten des finnischen Verteidigungsministeriums. Er sagte: »Die baltische Verteidigungsdoktrin beschreibt man am besten als die CNN-Verteidigung. Die Idee ist, nur so lange Widerstand zu leisten, bis die ganze Welt im Fernsehen gesehen hat, dass man angegriffen wurde.«

Sorry, no toilets

Es ist ja bekannt, dass die königliche Familie einen Sinn für die Presse hat, weshalb heute Abend auch wir, die 3012 beim Gipfel angemeldeten Journalisten, in den Buckingham-Palast geladen sind. Nicht zum Essen, eigentlich auch nicht wirklich in den Palast, sondern draußen – dort, wo normalerweise die Pferde stehen. Da können wir dann dem Musik- und Laserspektakel beiwohnen, das für die edleren Gäste gedacht ist. Freibier gibt es für die Journalisten im Überfluss, aber – so heißt es auf der Einladung –: keine Toiletten.

Hallo, Puppe

Fußball sei Männersache, das, meine Damen, behaupten Männer gern, die sowieso meinen, sie seien schlauer als Frauen. Dass Frauen nicht dümmer sind als Männer, aber für dumm verkauft werden, haben amerikanische Wissenschaftlerinnen jetzt wieder einmal beklagt: So wird Mädchen etwa der Mut genommen, sich mit Mathematik zu befassen. Und wie geschieht das? Indem ihnen immer wieder der Satz eingetrichtert wird: »Matheunterricht ist schrecklich.« Und wer sagt das? Eine sprechende Barbiepuppe, die 25 Dollar kostet.

Die drei Letzten

Was ist los mit den Buchhändlern? Ihr Ansehen ist gesunken. Nach der Rangliste über das Berufsprestige genießen Ärzte weiterhin die größte Anerkennung, gefolgt von den Pfarrern. Dann kommen die Rechtsanwälte, die die Professoren von Platz drei verdrängt haben. Kein gutes Bild geben die Journalisten ab, die den 13. von 18 Plätzen einnehmen. Aber immerhin gelten sie mehr als Studienräte. Die letzten drei Plätze besetzen Politiker, Buchhändler und Gewerkschaftsführer.

Aus dem Tiefbauamt

Der Fortschritt ist unaufhaltsam, besonders wenn er von der Bürokratie ausgeht. So hat sich jetzt als Zentrale der Emanzipation das Tiefbauamt in Hannover entpuppt. Und zwar aus folgendem Grund: Das städtische Frauenbüro beklagte sich darüber, dass Wege, die für Radfahrer frei sind, immer mit einem Herrenrad ausgeschildert seien, und forderte Gleichberechtigung. Jedes zweite Fahrrad auf den Schildern müsse ein Damenrad sein, also ohne diese männliche Stange zwischen Sattel und Lenker. Ganz fortschrittlich beschloss das Tiefbauamt, auf die Stange des Mannes ganz zu verzichten und Radwege nun ausschließlich mit Damenrädern zu beschildern. – Meinte der männliche Sprecher des Tiefbauamtes: So kann man mit kleinen Sachen den Frauen eine Freude machen.

Hunger auf Kunst

Der Publikumsgeschmack kann manchmal auch Schaden anrichten: Im Hessischen Landesmuseum Darmstadt wurde ein Objekt mit dem Titel »Frischespur« von den Besuchern Stück für Stück aufgegessen. Das Objekt bestand unter anderem aus 97 handpolierten Äpfeln. Nun klagt die Museumsdirektorin über die kulturlosen Kunstgenießer. Die Apfelstiele und Kerngehäuse wurden in Besuchersofas und hinter anderen Skulpturen versteckt. Die Museumsbesucher waren eben – kunsthungrig.

Entscheidungshilfe

Politiker haben es schon schwer. So mussten die Mitglieder des Stadtrats von Amsterdam darüber entscheiden, was mit einem großen Tannenbaum geschehen sollte, den die norwegische Stadt Trondheim der Stadt Amsterdam geschenkt hatte. Der Rat beschloss, den Christbaum wegzuwerfen, weil die Politiker ihn zu dürr fanden. Aber bevor sie ihn auf den Müll kippten, kamen ihnen Bedenken, ob man ein Geschenk wegwerfen könne. Drum wandten sie sich an den norwegischen Konsul und waren ganz erleichtert, als der sagte, sie sollten den Tannenbaum ruhig wegwerfen, er fände ihn auch äußerst hässlich.

Sauber

In Berlin wurden 68 Straßenkehrer entlassen, nicht etwa, weil sie zu wenig putzten, sondern weil sie eine Stasivergangenheit haben. Sie wurden sozusagen selbst gesäubert. Zwar meint sogar der Innenminister, Straßenkehren sei eigentlich keine hoheitliche Aufgabe, davon hänge auch nicht der Bestand unserer Demokratie ab – aber wenn in Deutschland nun mal gesäubert wird, dann gründlich, auch ohne nachzudenken. Sagte doch ein Beamter der Berliner Straßenkehrbehörde: Wir folgen den Richtlinien des Einheitsvertrags und wollen unseren guten Ruf nicht verlieren.

Filmriss

Der kommerziell erfolgreichste aller Hollywood-Regisseure, Steven Spielberg, wird bei der Biennale in Venedig mit dem Goldenen Löwen für sein künstlerisches Gesamtwerk ausgezeichnet. Anschließend diskutieren in Venedig europäische Filmemacher, Autoren und natürlich auch Funktionäre zwei Tage lang, wie die kranke europäische Filmszene sich gegen Hollywood schützen könne.

Durchbruch

Die deutsche Schriftstellerin Monika Maron hat letztens gesagt, in der DDR habe sie mehr unter unhöflichen Kellnern gelitten als unter der unsichtbaren Stasi. Kein Wunder, denn die Kellner dachten in allen kommunistischen Ländern erst an sich, dann an die Kunden. Das wird nun überall anders. Selbst im fernen Vietnam wurde den Kellnern des neu hergerichteten Metropol-Hotels in Hanoi jetzt das Motto beigebracht: Der Kunde kommt zuerst. Das fand die Belegschaft so ungewöhnlich, dass die Hälfte des Personals kündigte.

Titelverteidiger

Titel gehören zum alten Kulturgut Österreichs, wo jedermann mit Herr Ingenieur angesprochen wird. Wer eine Brille trägt, ist schon Herr Doktor. In der Beamtenlaufbahn gibt es sogar noch den aus der seligen Kaiserzeit stammenden Amtstitel Hofrat. Doch der wird jetzt gestrichen. Statt des Titels Hofrat sollen die Beamten mehr Geld erhalten. Nicht gegen diese Gehaltserhöhung, doch gegen den Verlust des feudalen Kulturelements »Hofrat« haben Protest angemeldet – wer wohl? – die Gewerkschaften.

Elektronisches Beugen

Das waren noch Zeiten, nicht unbedingt bessere, aber andere, als deutsche Jungs lernten, einen Diener zu machen, und die Mädchen einen Knicks. Das alles ist vorbei, und das ist auch gut so. Jetzt gibt es keine Kopfnuss mehr von den Altvorderen, wenn der Bub sich nicht untertänig beugt. Woanders ist die rhythmische Vorwärtsneigung des Oberkörpers noch gang und gäbe – und das in dem modernsten Staat der Welt, dort, wo einem die Microchips nur so um die Ohren fliegen, in Japan also. Aber nicht mit einer Kopfnuss wird einem dort das korrekte Neigen beigebracht, sondern, viel moderner, mit einer elektronisch einstellbaren Verbeugungsmaschine.

Öffentliche Nasenringe

Glücklicherweise gibt es in dieser von Krisen geschüttelten, vom Werteverlust bedrohten Welt noch Leute, die sich um das Wesentliche kümmern. Da hat Professor Wolfgang Kunz jetzt in der Zeitschrift *Recht im Amt* eine fünfseitige Arbeit über die »Kleiderordnung des öffentlichen Dienstes« veröffentlicht, und darin heißt es: »Das Tragen von Nasenringen, großflächigen Tätowierungen, bunt gefärbten Haaren hat keinen unmittelbaren Bezug zur Kleiderordnung.«

Mehr Toleranz

In diesen turbulenten Zeiten ist uns ein Satz aufgefallen, der heute in Düsseldorf veröffentlicht wurde. Er heißt: »Die Landesanstalt für Ökologie, Landschaftsentwicklung und Forstplanung bittet um mehr Toleranz gegenüber Wildkräutern.«

Sieben mit oder ohne

Wenn Sie schon einmal in Amerika waren, dann haben Sie sich wahrscheinlich darüber gewundert, dass dort die Zahl Sieben ohne Querstrich in der Mitte geschrieben wird, wie in Europa üblich. Gewundert hat sich darüber auch der amerikanische Polizist Brian Yinger aus Michigan. Vom siebten Schuljahr an schrieb er die Sieben mit europäischem Querstrich. Das ärgerte seinen Chef, der ihn verwarnte. Der Polizist versprach Besserung und schrieb aus Versehen wieder den Querstrich. Daraufhin wurde er für drei Tage des Dienstes enthoben – ohne Bezahlung. Und wieder schrieb der Polizist ganz zwanghaft den Querstrich. Jetzt ist seinem Chef der Kragen geplatzt: Nun soll ein Psychiater den Geisteszustand des Polizisten untersuchen, um herauszufinden, warum der immer solch einen kleinen Strich auf die Sieben macht.

Pädagogische Ernährung

Schon in der *Feuerzangenbowle*, die bekanntlich von Heinrich Spoerl stammt, leidet Professor Crey unter den Schülern, besonders aber unter Pfeiffer mit drei F. Um den Stress zu bewältigen, hätte der Lehrer Erbsen essen sollen. Das empfiehlt die *Deutsche Lehrerzeitung* jetzt Pädagogen, die im täglichen Umgang mit Schülern die Nerven verlieren. Auch Brot, Reis oder Kartoffeln mit Gemüse würden – am Abend vor dem Unterricht genossen – die Nerven beruhigen. Vor zu viel Kaffee wird dagegen gewarnt, da er eine Angst erregende Wirkung habe, die, so heißt es, bei einer Lehrkraft im erschöpften Zustand zu einer Haltung der Selbstverteidigung in der Klasse führe.

Eherat

Tja, werden Sie sagen, es ist alles nicht mehr so, wie es mal war. Die Leute gehen sonntags nicht mehr zur Messe, heiraten seltener und lassen sich häufiger scheiden. Zum Thema Ehe hat heute die Universität Oldenburg eine Studie veröffentlicht, wonach es gut sei, wenn es in Ehen laut hergeht. Denn Ehen, in denen man sich nicht streitet, gehen häufiger in die Brüche als Ehen, in denen es ständig und laut kracht. Also, worauf warten Sie noch?

Glauben Sie an Umfragen?

Jeder zweite Deutsche glaubt nicht an Umfragen. Diese Erkenntnis ziehen wir aus dem Ergebnis einer neuen Umfrage, die besagt, dass jeder zweite Deutsche an Umfragen glaubt.

Heiter bis wolkig

Erleuchtung

Alles wird schwerer. Wenn Sie jetzt ans Fenster treten, dann ist es schwerer als früher, selbst bei wolkenfreiem Himmel die Sterne zu sehen. Und woran liegt's? An den vielen Lichtquellen in Straßen und auf Plätzen. Begeisterte Sterngucker haben deshalb die Bundesregierung um ein Gesetz gegen zu viel Licht gebeten, doch die Politiker weigern sich, da es schon zu viele staatliche Regeln im Leben gäbe und die Bevölkerung kein Verständnis dafür hätte, wenn noch Vorschriften über das Anbringen von Beleuchtungskörpern mit Winkelangaben, Art der Lichterzeugung oder zeitlichen Begrenzungen hinzukämen. – Donnerwetter!

Absage

Weil die religiöse Sekte namens »Große Weiße Bruderschaft« in Kiew für heute den Weltuntergang vorhersah, hatten Sektenführerin Tswigun Krimonogow und ihr Mann Juri in der Sankt-Sofia-Kathedrale wertvolle Ikonen mit Schaum aus Feuerlöschern besprüht, weshalb sie verhaftet wurden. Beobachtet von einem Großaufgebot an Polizei warteten heute einige hundert Menschen an dieser Kathedrale auf das Jüngste Gericht. Doch vergebens; verhindert hat es der stellvertretende Innenminister der Ukraine, der heute Mittag folgende knappe, aber wirksame Verordnung erließ: »Das Ende der Welt wird hiermit abgesagt.«

Teure Genossen

Die Grenze zwischen Kommunismus und Kapitalismus ist überall gefallen, selbst im kommunistischen China. Das mussten Musikproduzenten von Kassetten mit Mao-Lobliedern wie »Wir wünschen dem Vorsitzenden Mao ein unbegrenzt langes Leben« erfahren. Kassetten, deren Verkauf übrigens viel Geld einbringt. Zu den guten alten Zeiten des Kommunismus galten Urheberrecht und damit Tantiemen von Komponisten als dekadenter Kapitalismus. Doch jetzt ist der Kommunismus tot, also lebe der Kapitalismus, sagen sich selbst die alten Kommunisten, und die Kassettenproduzenten sollen plötzlich für die Mao-Lieder Geld abführen. Und weshalb sind die Kassetten mit Mao-Liedern solch ein Renner? Sagte ein Käufer: Aus reiner Wehmut, sie erinnerten an die guten alten Zeiten.

Wenn man einen Preis erhält

In die Annalen der Kunst geht man ein, wenn man einen Preis erhält, und da sind die Franzosen Meister. Es gibt wohl kein Land der Erde, auf dem so viele Literaturpreise verliehen werden wie bei den Galliern. Jetzt hat der Romanschriftsteller und ehemalige Diplomat Guy Georgy für sein letztes Buch mit dem Titel *Hafer* den Literaturpreis des Limousin-Rindes erhalten. Und was ist der Preis selbst? Ein wirklich lebender, eine Tonne schwerer Stier. Hoffentlich hat er einen Freund, der Schlachter ist.

Handbuch

Jeder bedient sich, so gut er kann. Die britischen Abgeordneten können sich seit heute in der Bibliothek ihres Hohen Hauses in einen weltweiten Bordellführer vertiefen. Das Handbuch wurde von der ehemaligen Bordellbetreiberin Lindi St Clair verfasst, nachdem ein Abgeordneter bei ihr Informationen über Prostitution und die Kosten eines Bordells eingeholt hatte. Lindi ist übrigens Gründerin der »Besserungspartei«, verlor aber dennoch die Wahl um einen Unterhaussitz. Ihr Buch kam in die Parlamentsbibliothek, weil es Einsichten in die internationale Prostitution ermöglicht, die die Regierung nur unter Schwierigkeiten einholen konnte. Der Bordellführer steht in der Abteilung für internationale Angelegenheiten und Verteidigung, ist aber schon ausgeliehen.

Individuelle Umlaute

Ä – Ö – Ü sind Buchstaben, die Umlaut genannt werden und im Alphabet keinen festen Stammplatz haben. Dieses wichtige Problem beschäftigt nun den Bundestag, denn es gibt mehrere Möglichkeiten, Ä – Ö – Ü im Alphabet einzuordnen, was allerdings nur dann zum Problem wird, wenn man Ä – Ö – Ü im Lexikon sucht. Manche scheinen das häufig zu tun, deshalb baten Abgeordnete die Bundesregierung, sie möge eine einheitliche Umlaut-Einordnungsregelung verfassen. Die zuständigen Beamten streikten jedoch, denn die Sprache, so sagten sie im besten Bürokratendeutsch, entziehe sich als Gestaltungsmittel individueller Lebensäußerungen staatlicher Regelung.

Die Bauern lassen nach

Was gut ist, hält sich eben lange. Damit wirbt auch der Nürnberger Schneider Albrecht, der Pfarrern gebrauchte Talare verkauft. Ein neuer Talar kostet 750 Mark, ein gebrauchter die Hälfte. Mindestens zwanzig Jahre hält ein aus schwarzem Satinstoff genähter Kirchenrock. Obwohl sich die Mode für Talare seit siebzig Jahren nicht geändert hat, muss der Schneider die schwarzen Röcke den neuen Kunden anpassen, denn die Figur der Pfarrer hat sich im Lauf der Zeit gewandelt. Sagt der Schneider: »Sie sind magerer, die Schultern hängen nicht mehr, der Typ des beleibten Pfarrers stirbt aus.« Warum dies? »Früher haben die Pastoren eine Wampe angesetzt, weil sie von den Bauern stärker herausgefüttert wurden.«

Endlich Deutsch

Der seit siebzehn Jahren in Hamburg lebende Kroate Ivan Stojkovic bekam einen Musterungsbescheid. Er war nicht plötzlich Deutscher geworden, sondern es war ein Versehen im Melderegister, das korrigiert wurde. Dann erhielt der Kroate Wahlunterlagen zur anstehenden Bürgerschaftswahl. Ivan war immer noch nicht Deutscher geworden, sondern auch das war ein Versehen. Trotzdem bekam Ivan Stojkovic von der rechtsradikalen DVU ein Plakat zugeschickt mit der Aufschrift: »Ich bin stolz, ein Deutscher zu sein.« Dagegen hatte Ivans kroatische Frau schon fünf Jahre zuvor die deutsche Staatsbürgerschaft beantragt, aber nie erhalten. Als sie den Antrag jetzt wiederholte, wurde sie angeschnauzt, sie sei längst als Deutsche eingetragen. Ihr hat das Amt aber keinen Wahlschein geschickt.

Nein

Boris Jelzin erhielt von Bill Clinton einen wichtigen außenpolitischen Rat. Clinton sagte: Wenn Japan zu uns Ja sagt, bedeutet das häufig Nein. Daraufhin wurde der japanische Regierungssprecher Yōhei Kōno gefragt, ob Japaner Nein meinen, wenn sie Ja sagen. Und er antwortete kaltschnäuzig: »Nein.«

Absatzförderung

Ein gutes Buch ist teuer, das kann schon um die vierzig Mark wert sein. So kostet je nach Ausstattung der neue Katechismus der katholischen Kirche 36 oder gar 45 Mark. Um den Absatz trotz des hohen Preises zu fördern, hat Johannes Dyba, Bischof von Fulda, den ersten hundert Käufern dieses Glaubensbuches eine Bargeldprämie von 20 Mark versprochen. Allerdings verlangt der misstrauische Hirte von seinen Schäflein die Vorlage einer Quittung.

Fürsorge

Panzer und Traktoren haben eins gemeinsam: Sie verfügen über kein eingebautes »stilles Örtchen«. Das ist für Soldat oder Bauer im Freien ja auch nicht unbedingt nötig. Aber da die Bundeswehr befürchtet, ihre Herren könnten sich die Blase erkälten, lässt sie Toilettenhäuschen bauen. Sehr fürsorglich. Nur scheinen »stille Örtchen« bei der Armee sehr teuer zu sein: Auf einem Truppenübungsplatz in Norddeutschland will die Bundeswehr für ein Klo mit nur sieben Sitzplätzen fast 300 000 Mark ausgeben. Für diesen Preis bekommt man doch schon ein Einfamilienhaus mit Zubehör!

Die Last der Nase

Wenn Sie morgen aufs Amt müssen und der Beamte Sie dort eher muffig behandelt, dann liegt das vermutlich an Ihnen. Denn eine Umfrage hat ergeben, dass Beamte die Berufsgruppe mit den empfindlichsten Nasen seien und jeder zweite Beamte sich durch das unangenehme Parfüm seiner Mitmenschen belästigt fühle.

Schweizer Tarif

Achtung, eine wahre Geschichte: Letztens flog Herr Homann nach Bern und stieg am Flughafen in das einzige Taxi. Der Fahrer fragte: »Nehmen Sie das Taxi oder den Bus?« Homann etwas verwirrt: »Na, wo ich schon bei Ihnen sitze: das Taxi.« Die Fahrt in die Stadt kostete 37 Franken. Abends stand an der Bushaltestelle das Taxi. Herr Homann stieg ein, und wieder fragte der Fahrer: »Taxi oder Bus?« Diesmal antwortete Homann: »Bus bitte.« Der Taxifahrer: »Dann müssen wir noch drei Minuten warten, bis der Fahrplan stimmt.« Die Busfahrt im Taxi kostete nur 11 Franken.

Schnüffler

Zwischen Kehl und Straßburg gilt es ein Problem zu lösen. Dort stinkt es häufig, aber keiner weiß, warum. Zwar werden einige Firmen im Straßburger Hafen verdächtigt, aber nachweisen konnte man es niemandem. Deshalb haben sich die Behörden jetzt etwas ausgedacht. Sie stellen Schnüffler ein. Leute mit Nase. Dreihundert Schnüffler in Straßburg und hundert in Kehl. Die riechen jeden Mittwoch um 7 Uhr früh und noch mal Samstag um 7 Uhr abends. Dann holen sie ihr Notizbuch raus und schreiben die Art des Geruchs und die Stärke des Gestanks auf. Wissenschaftler werden das alles auswerten. Dann wird man zwar wissen, um wie viel Uhr und zu welcher Jahreszeit es stark stinkt, aber was ändert's? Stinken tut's weiterhin.

Nur mal schnuppern

Das Wort »schnuppern« bedeutet: in kurzen Zügen Luft durch die Nase einziehen, um einen Geruch wahrzunehmen. Den Bayern wird nun von dem CSU-Abgeordneten Eduard Oswald vorgeschlagen, sie sollten der Parteienverdrossenheit entgegenwirken, indem sie in kurzen Zügen Luft durch die Nase einziehen, um den Geruch der CSU wahrzunehmen. Um dies zu ermöglichen, möchte er eine Schnuppermitgliedschaft einführen. Ein CSU-Schnuppermitglied brauche ein Jahr lang keinen Beitrag zu zahlen, dürfe zwar auch nicht abstimmen, werde aber zu allen Veranstaltungen eingeladen. Und da gibt's ja bekanntlich Freibier.

Sauber

Saubere Beamte sind dem Volk gewiss nicht unangenehm, aber denkende wären sinnvoller. Um der Sauberkeit willen setzt die Stadt Wiesbaden im Fußgängerbereich Kehrfahrzeuge ein, die nicht nur Zigarettenschachteln, sondern auch Bananenschalen beseitigen. Die Kehrmaschinen funktionieren jedoch so gut, dass sie auch den Mörtel zwischen den Steinen wegsaugen. Nun sollen die Fugen für 400 000 Mark mit einem Spezialmörtel ausgefüllt werden, der nach Expertenmeinung dem Drang nach Sauberkeit widersteht.

Einübung in fremde Sitten

Aus einem Faltblatt der chinesischen Regierung für Auslandsreisende: »Spucken Sie nicht öffentlich aus. Machen Sie keinen Lärm. Lachen Sie nicht laut. Bohren Sie nicht in den Zähnen, bohren Sie nicht in der Nase und auch nicht in den Ohren. Kratzen Sie sich nicht, rülpsen Sie nicht, ziehen Sie die Schuhe nicht aus. Gehen Sie behutsam. Im Notfall können Sie schneller gehen, aber rennen Sie nicht wild los.«

Am Tiefpunkt

M ehrere Meldungen des heutigen Tages haben mich nachdenklich gestimmt: Erstens besagt eine Umfrage des Allensbacher Instituts für Demoskopie, nur 38 Prozent der Deutschen hätten den Wunsch, 150 Jahre alt werden zu wollen. Vor 40 Jahren wollten das noch 55 Prozent. Zweitens: Der Deutsche Schäferhund wird als Diensthund bei der Bundeswehr vom Belgischen Schäferhund verdrängt. Drittens: Im September will die Stadt Köln alle 26 öffentlichen Bedürfnisanstalten dicht machen. Dazu die empörte Kölner Klofrau Marlies Müller: »Dann pinkeln die Leute gegen den Dom.«

Zu spät

Auch dem besten Springer nutzt ein neuer Stil nichts, wenn er ein bisschen trottelig ist – wie der Österreicher Ernst Vettori. Der hat nämlich letztens die Skier verwechselt: Er hat einen eigenen angeschnallt und einen anderen, gleich aussehenden von einem Teamkameraden. Gemerkt hat er's erst beim Absprung, da war's schon zu spät. Was wieder einmal beweist: Mit den Beinen allein kann man auch nicht denken.

Blutige Ausnahme

Ist Ihnen, meine Damen, schon einmal aufgefallen, dass die meisten Speisen die Namen von Männern tragen? Lukullisch nennt man ein vorzügliches Mahl – nach dem römischen Feldherrn Lucullus. Da gibt's Heringe nach dem Kanzler Bismarck, dessen Sturz von Friedrich August von Holstein betrieben wurde, und nach dem ist das Schnitzel mit Spiegelei benannt. Brote tragen den Namen des Grafen von Sandwich, selbst die Béchamelsoße stammt von Louis de Béchamel, Marquis de Nointel. Nach einer Frau, der englischen Königin Maria I., ist nur ein Getränk benannt: Bloody Mary.

Zweckmäßig

Jährlich kommt der Tag, an dem der Beaujolais Nouveau, der erste Wein eines jeden Jahres, in Frankreich – und nicht nur dort – ausgeschenkt wird. Das ist für viele Liebhaber ein Grund, sich kräftig einen hinter die Binde zu gießen. – Sagt die Besitzerin einer Weinkellerei: »Der Beaujolais Nouveau ist kein Klasse-Wein, aber er erfüllt seinen Zweck.«

Neue Möglichkeit zu trauern

In den USA kann man vom Auto aus Bankgeschäfte erledigen oder Hamburger einkaufen – und jetzt auch an einer Trauerfeier teilnehmen. Der Bestattungsunternehmer Willie Junior aus Pensacola in Florida hat eine Drive-in-Trauerhalle in einer ehemaligen Kirche errichtet. Man fährt mit dem Auto vor, wirft einen letzten Blick auf den im Fenster liegenden Leichnam, trägt sich ins parat liegende Trauerbuch ein und gibt wieder Gas.

Mit oder ohne Bart

Ein wichtiger Hinweis für Leute, die unbedingt Karriere machen wollen, kommt jetzt von einer britischen Beraterfirma. Nach deren Untersuchung ist der Weg in die Spitzenpositionen eines Unternehmens mit Bart schwieriger als ohne. Von Bartträgern werde nämlich angenommen, dass sie etwas verbergen wollen oder gar anarchistische Gefühle hegen. Wer jedoch weder auf Bart noch auf Karriere verzichten will, der hat – laut Untersuchung – bessere Chancen im öffentlichen Dienst. Aus nicht genannten Gründen gilt dort Gesichtsbehaarung als Zeichen für Engagement und Ernsthaftigkeit. Vielleicht liegt's bei manch einem daran, wenn's bisher nicht geklappt hat.

Alles falsch

Von wegen Schlusslicht: Die Amerikaner haben ja Angst, die Japaner würden sie etwa auf dem Automobilmarkt zum Schlusslicht machen, einfach weil japanische Autos so viel besser gebaut sind, und das hat seinen Grund, denn die Japaner sind einfach besser ausgebildet. In Texas hat nun eine Untersuchungskommission festgestellt, was faul ist an der amerikanischen Ausbildung: Nicht einmal die Schulbücher stimmen. In einem steht, Napoleon habe bei Waterloo gesiegt, obwohl er da doch seine größte Niederlage erlitt, oder es heißt, der Koreakrieg sei von US-Präsident Truman mit der Atombombe beendet worden. Beides falsch. Eisenhower war Präsident, und die Atombombe wurde nicht geworfen … und so fort. Sagte Jane Nelson von der Schulbuch-Kommission in Texas: »Vielleicht sollten wir unsere Schulbücher in Japan herstellen lassen.«

Ohne Gutachten
unzurechnungsfähig

Für manche Funktionäre müsste gelten, was auf dem Psychiatrie-Jahreskongress in Dublin heute ein britischer Wissenschaftler forderte. Und zwar was? Regelmäßige Untersuchungen des Seelenzustands von Politikern. Als der deutsche Regierungssprecher Dieter Vogel gefragt wurde, was er davon halte, antwortete er: Wenn ein Politiker nicht mehr zurechnungsfähig sei, würde die Öffentlichkeit das auch ohne Gutachten merken.

Suchtgefährdet

Wie eine Meldung aus einem Komikfilm kommt einem die Umfrage über deutsche Ärzte vor, die die Zeitschrift *Vital* jetzt veröffentlicht. Da heißt es: Jeder vierte Arzt raucht, jeder dritte Heilkünstler hat Übergewicht, jeder zweite Doktor trinkt Alkohol. Die Ärzte zählen, nach Angaben des Chefs der Berliner Ärztekammer, zu einer der kränksten Bevölkerungsgruppen in Deutschland. Ach, meine Damen und Herren, es kommt noch schlimmer! 43 Prozent der Ärzte halten ihren Berufsstand sogar für »suchtgefährdet«.

Rauchers Rache

Folgendes berichtet die rumänische Zeitung *România liberă*. Vierzig Jahre beschimpfte Aneta Cemenescu ihren Mann Marin, weil er rauchte. Jetzt ist er gestorben. In seinem Testament hinterlässt er Haus und Vermögen seiner Frau Aneta, allerdings unter einer Bedingung: dass sie von nun an täglich fünf Zigaretten raucht.

Vorbildliche Dankbarkeit

Jeden Morgen erhält der Lebensmittelhändler Erwin Fink in dem kleinen Ort Urspring auf der Schwäbischen Alb ein kostenloses Frühstücksei. Absolut regelmäßig erscheint eine Henne und legt in den Papierkorb vor seinem Laden ein Ei. Fink hatte das Huhn im August letzten Jahres aus einer Flussquelle gezogen und so vor dem Ertrinken gerettet. Gleich danach begann die Henne mit dem täglichen Eierlegen im Papierkorb.

Um Himmels willen

Es gibt mehr Dinge im Himmel und auf Erden, als eure Schulweisheit sich träumt, sagt Hamlet bei Shakespeare, und tatsächlich, am Himmel geschehen Zeichen und Wunder, die alle Tierfreunde des christlichen Abendlandes längst erwartet haben. Auf die Frage nämlich, ob auch Ihr Hausschwein, Lieblingshund oder Kanarienvogel in den Himmel kommen, hat niemand Geringeres als der Papst persönlich eine Antwort gefunden: Ja, sie dürfen auf einer Wolke neben den Engelein schweben, denn auch Tiere haben eine Seele.

Heißer Tipp

Hat sich bei Ihnen wegen der Feuchtigkeit schon wieder das Rheuma gemeldet? Macht nichts, jetzt gibt es ein hervorragendes Mittel gegen den Schmerz. Beim chinesischen Ameisenkongress in Nanjing haben Experten verkündet, eine Portion knuspriger Ameisen am Tag lindere den Schmerz. Zum Kampf nicht nur gegen Rheuma, sondern auch gegen Hepatitis und andere Krankheiten sei die Ameise vom Typ *Polyrhachis vicina Roger* besonders wirksam. Wenn Ihnen Ameisen gebraten nicht schmecken, können Sie die Tierchen unauffällig auch im Sirup einnehmen.

Tierisch gut

Drei wichtige Meldungen: Über Nacht hat ein 30 Zentimeter langes Krokodil ein im Frankfurter Osthafen liegendes Schiff geentert. Die Wasserschutzpolizei weiß nicht, wie das Tier in den Main kam. Auf dem Stuttgarter Flughafen wurde ein Halbaffe entdeckt, der als blinder Passagier mit einer Sendung Biobananen aus Westafrika einreiste. Und in Stockholm haben fünf schwedische Börsenmakler einen Wettkampf gegen einen Affen verloren. Die Börsenmakler kauften nach bestem Wissen Aktien, die schnell steigen sollten. Der Affe aber machte fünfzig Prozent mehr Gewinn. Er warf mit Dartpfeilen auf die an der Börse ausgehängten Kurszettel und traf ins Schwarze.

Über das Wirken
von Erkenntnissen

Vor 35 Jahren hat der britische Professor Cyril Parkinson das erfunden, was als Parkinson'sches Gesetz in die Wissenschaft einging. Er kritisierte die Bürokratie. In Behörden werde jede Arbeit entsprechend der Zeit, die dafür zur Verfügung steht, ausgedehnt. Ein Beispiel: Die Zahl der Verwaltungsbeamten in der britischen Marine habe ständig zugenommen, während die Zahl der Kriegsschiffe abnahm. Weiterer Kritikpunkt: Verwaltungen blähten sich so auf, bis sie nur noch mit sich beschäftigt sind. Ein Beispiel: Es gibt Botschaften, die bereits von sich selbst leben können. Bis jedes Mitglied der Botschaft das andere zum Cocktail eingeladen hat, ist es bereits Zeit, wieder beim ersten zu beginnen. Professor Parkinson ist heute gestorben. Als er einmal nach der Wirkung seiner Erkenntnisse gefragt worden war, hatte er trocken geantwortet: Null komma null.

Kulturwirtschaft

Merkwürdig, aber: Das Wort »Wirtschaft« benutzen die Deutschen genauso zweideutig wie das Wörtchen »Kultur«. Heute haben sich da die Sachsen wieder einmal mit Zweideutigkeiten hervorgetan. Damit die Wirtschaft dort besser greife und endlich aufblühe, sollen die Wirtschaften, also die Gaststätten, nun rund um die Uhr geöffnet werden: Die Sperrstunde ist abgeschafft worden – und zwar ohne Einschränkung. Zweideutig aber die kulturelle Begründung: Zu einem florierenden Staatswesen gehöre eine florierende Gaststättenkultur.

Zarte Versuchung

Die Verführung ist ein ewiges Thema der Menschheitsgeschichte. Das fing mit Eva an, die Adam zum Biss in den Apfel verleitete. Heute klagen Kulturkritiker die Werbung an, sie sei eine ewige Verführung zum Kauf von Dingen. Aber nun stehen die deutschen Werbepäpste Schlange, um eine Kampagne zu entwerfen, die nicht dem Kauf von Staubsaugern oder Babywindeln geweiht ist, sondern die Menschen zurückführen soll zu etwas, was man nicht kaufen kann: zum Glauben. Solch weltliche Überlegungen gehen auf die evangelische Kirche zu Köln zurück, die der Welle von Kirchenaustritten mit Werbung entgegentreten will – Verführung zum Glauben.

Im Zentrum des Geschehens

Neid und Missgunst machen sich gegenüber Politikern breit. Nicht etwa um dem Winter zu entfliehen, haben jetzt vier Bundestagsabgeordnete eine Reise nach Australien und Neuseeland unternommen. In den touristisch attraktiven Naturparks Neuseelands haben sie eigenhändig das Ozonloch untersucht. In Australien, am fotogenen Ayers Rock, studierten sie die Gesundheitsfürsorge der Ureinwohner, und im warmen Wasser des Great Barrier Reef begutachteten sie bedrohte Korallenbänke. Ja, und heute waren sie in Singapur so erschöpft, dass sie das offizielle Programm absagen ließen, um sich touristisch zu erholen. Missgunst, weil die Reise den Steuerzahler etwa 100 000 Mark kostet? Bloß kein Neid! In Singapur hat es geregnet.

Schmierige Weihnachten!

Die Korruptionswelle, die das politische System des Landes erschüttert, wird sich auf den Gabentischen breitmachen. Renner im Weihnachtsgeschäft sind T-Shirts mit dem Aufdruck »Ich nehme Schmiergelder«. Statt Monopoly gibt es ein Gesellschaftsspiel, bei dem Jung und Alt als Bauunternehmer alles, auch Ungesetzliches tun, um an öffentliche Großaufträge zu kommen. Und hat man Freunde in der Politik, so kann man ihnen eine Freude bereiten und ihnen täuschend echt nachgemachte Ermittlungsbescheide der Justizbehörden wegen Bestechungsverdachtes überreichen. Das ganze spielt – doch nicht in Deutschland! – in Italien.

Rätselhafte Neugierde

Reisen bildet. Wenn nun ein Ministerpräsident reist, dann wird das dem armen Kerl vorgeworfen, nur weil ein Privatmann die Unkosten bezahlt hat. Da sind die Mitglieder des Umweltausschusses im Bayrischen Landtag schon schlauer, denn die wollen sich eine vierzehntägige Reise nach Japan auf Kosten des Steuerzahlers gönnen: und das für 25 Personen. Vorgesehen sind eine Woche Besichtigung und eine Woche Privatvergnügen. Der Grund für die Reise, so der Ausschussvorsitzende: »In uns Bayern sollte die Fremdartigkeit der Japaner Neugierde zur Enträtselung auslösen.«

Schlafender Beweis

Es stimmt natürlich überhaupt nicht, was in Witzen über Beamte erzählt wird, nämlich dass sie tagsüber am Schreibtisch schliefen. Das beweist jetzt ein nimmermüder hessischer Beamter, der häufig ganze Nächte im Einsatz weit weg von Schreibtisch und Bett verbrachte. Jetzt hat er seine Dienststelle verklagt, ihm – obwohl er nicht geschlafen hat – ein Übernachtungsgeld zu zahlen. Denn was immer er tat, das tat er ja über Nacht.

Verstärktes Wetter

Pech hatte der Automechaniker Roger Spillman aus dem amerikanischen Bundesstaat North Carolina. Bei einer öffentlichen Versteigerung nicht abgeholter Ware erstand er für 75 Dollar einen Verstärker. Doch kaum zu Hause, erschienen Soldaten der Luftwaffe und beschlagnahmten das Gerät. »Sie waren ein bisschen muffig, als sie es mitnahmen«, erklärte der Automechaniker. Warum? Es handelte sich um einen Tonverstärker für Satelliten im Wert von 360 000 Dollar. Für was für einen Satelliten? Einen für die Wetterbeobachtung.

Ciao Bello

In der chinesischen Stadt Kanton hat die Stadtverwaltung auf Drängen von gebissenen Bürgern das Halten von Hunden verboten. Die Behörde beruft sich auf eine Bestimmung aus dem Jahr der kommunistischen Machtübernahme – 1949 –, wonach der Besitz von Hunden als bürgerliche Untugend geächtet wird. Von dem Haustierverbot will die Stadtverwaltung nur eine Ausnahme zulassen: Verkauft werden dürfen nur noch vom Gesundheitsamt untersuchte Hunde, wenn sie anschließend im Kochtopf landen.

Vergessen

Aus dem Griechischen stammt das Wort »Amnestie«, und wörtlich übersetzt heißt es »vergessen« oder noch besser: »vergessen lassen«. Die Amnestie ist ein Serum, das von einer besonderen Berufsgruppe immer dann gern verschrieben wird, wenn zu viele ihrer Mitglieder gegen die Gesetze verstoßen haben. Eine Amnestie für bestochene Politiker will der italienische Ministerpräsident erlassen, damit nicht zu viele von ihnen ins Kittchen wandern. Gegen die Amnestie sind jedoch diejenigen, die kein Geld erhielten. So entwickelte sich die Debatte im italienischen Parlament um die Moral in der Politik zu einem Handgemenge zwischen den Bestochenen und denen, die beim Bestechen vergessen wurden.

Haushaltstag

Tatsächlich, nichts ist im Himmel und auf Erden mehr so wie früher. In dem sonst nicht mehr für umstürzlerische Gedanken bekannten Österreich gärt es in der katholischen Kirche. In Oberösterreich haben zwölf junge Seelsorger eine Art Priestergewerkschaft gegründet. Der erste Punkt ihrer Tarifforderungen ist nicht neu: Sie wollen nicht mehr im Zölibat leben, sondern mit Frauen zusammenwohnen. Das kennt man ja inzwischen. Aber nein, wenn sie – vielleicht wegen Verstoßes gegen die Zölibatregeln – entlassen werden, fordern sie von der Kirche Arbeitslosengeld. Und schließlich verlangen die Diener Gottes einen arbeitsfreien Sonntag pro Monat als »Haushaltstag«. Um was bloß zu tun?

Strengste Sitten

Immer mehr Urlauber weigern sich, sich auszuziehen. Dieses Verhalten ist sehr beleidigend für wahre Nudisten«, beklagt sich der Bürgermeister des französischen Nudistenortes Cap d'Agde. Drum hat er eine Strandpolizei aufgestellt, die angezogenen Strandbesuchern befiehlt, sich sofort die Badehosen runterzuziehen.

Schuld und Sühne

Eine der ältesten Anekdoten der verblichenen Sowjetunion handelt von drei Briefen. Diese drei Briefe schreibt der Staats- und Parteichef für seinen jeweiligen Nachfolger. Und diese drei Briefe hat – so die aktuelle Anekdote – auch Boris Jelzin von Michail Gorbatschow erhalten. Den ersten hat Jelzin gleich aufgemacht, und darin stand: Schieb alle Schuld auf den Vorgänger. Hat Jelzin gemacht: Schuld an der wirtschaftlichen Misere ist also Gorbatschow. Im zweiten Brief steht: Reformen ankündigen! Hat Jelzin auch getan. Aber in seinem Hass auf Gorbatschow hat Jelzin den abgesetzten Sowjetführer noch mehr gedemütigt, indem er dessen Institut zusperren ließ. Gorbatschow weiß allerdings, was im dritten Brief steht: Schreibe als Sühne drei Briefe für deinen Nachfolger …

Zwei Schritte zurück,
einen Schritt vor

Die gesellschaftlichen Umgangsformen, so beklagen die deutschen Tanzlehrer, lassen nach. Die Menschen gingen rücksichtslos mit der Zeit anderer um und kämen immer unpünktlicher. Mit Trinkgeldern würde gegeizt, und wenn Bühnenstars Blumen der Fans wieder in das Publikum werfen, benähmen sie sich unmöglich, denn im Beisein von Gästen dürften Geschenke nicht weitergegeben werden. Allerdings ist manch ein Wandel der Umgangsformen auch erlaubt. So gibt es, nach Ansicht der Tanzlehrer, inzwischen keine Bedenken mehr gegen Briefe auf Umweltpapier.

Ohne Schnörkel

Wie waren die Menschen in alten Zeiten phantasievoll. In der Antike ist die Figur von Zeus aus einem alten Wettergott hervorgegangen, darum trug er so schöne Beinamen wie Hochdonnernder, Blitzeschleuderer und Wolkenballer. Zephyros war der Westwind, der wegen eines schönen Knaben dem Apollo eine heiße Eifersuchtsszene hinlegte. Und wie nennen die Meteorologen heute den Westwind, der die Hitze über Deutschland bringt? Ganz schlicht: Alfred.

Sie gönnen sich ja sonst nichts

Die Sitten sind hart – in Singapur. Wer öffentlich Vögel füttert, muss 1000 Mark Strafe zahlen, auch Kaugummi ist verboten. Aber Kinder darf man ungestraft züchtigen.

Letzte Instanz

Als der Münchener Wirtsmetzger Sepp Moser sich einen zu viel hinter die Binde gegossen hatte, mischte er alles, was ihm unter die Finger kam, zusammen. So entstand die Weißwurscht. Inzwischen ist die behördlich geschützt. Deshalb tagte wieder einmal die Wurstprüfungskommission im Hofbräuhaus. Und da gab es Streit: Ehreninnungsobermeister Luitpold Utz lobte eine Wurst für ihren »hervorragenden Geschmack und die lockere Konsistenz«. Die Frauen des Verbraucherschutzes dagegen fanden sie »fett und schwammig«. Sei's drum. Hauptsache, sie entsprach der vom Referat für Kreisverwaltung und öffentliche Ordnung erlassenen Herstellungsvorschrift über die Zusammensetzung von Weißwürsten.

Volltreffer

Den Großen Preis der Deutschen Landwirtschaftsgesellschaft für die beste Weißwurscht erhielt der Schlachtermeister Norbert Fruntke. Das wird Ärger mit den Bayern geben. Denn Fruntkes Metzgerei steht in der Hansestadt Hamburg.

Man kann es auch so sehen

M eine Mutter starb an einer Lebensmittel-
vergiftung, mein Vater brach sich das Ge-
nick«, so erklärt die achtzigjährige Engländerin
Margaret Pearson, warum sie schon mit sieben
Jahren zur Vollwaise wurde. Ihr Vater hatte die
Mutter mit Arsen vergiftet und war dafür ge-
henkt worden.

Örtliche Gewitter

Dichten oder essen

Sie arbeiten, um vorzüglich essen zu können, sagen die Franzosen von sich und behaupten von den Deutschen: Die essen ja nur, um Kraft für die Arbeit zu sammeln. Gleichzeitig gelten die Deutschen als das Volk der Dichter und Denker. Doch wenn die Deutschen über das Essen schreiben, dann liest es sich so, wie es schmeckt: »Einfach krampfig« findet die Gastronomische Akademie Deutschlands die neuen Kochbücher und will deshalb im Literarischen Kochbuchwettbewerb statt einer »Goldenen Feder« eine »Angebrannte Bratpfanne« verleihen.

Fremde Höflichkeit

Unhöfliche Antworten wie »Können Sie nicht sehen, dass ich beschäftigt bin?«, »Das ist nicht meine Aufgabe!« oder »Wann hören Sie endlich auf, sich zu beschweren« sind den Angestellten der Industrie- und Handelsbank streng verboten worden. Die Bank stellte neunzig unhöfliche Antworten zusammen und veröffentlichte sie in einem Katalog mit dem Titel »Der Kunde hat immer recht«. Um welche löbliche Bank es sich handelt? Um die Industrie- und Handelsbank in Jinan in der östlichen Provinz Shandong in China.

Selber Schaf

Schafe spielen eine merkwürdige Rolle in Redensarten. Sich vom Schaf beißen lassen heißt zum Beispiel: Das merkt selbst der Dümmste. Vom Schaf gebissen wurden am Wochenende irgendwelche australischen Hirten, die Hunderte von Schafen in die Großstadt Melbourne zu einer Landwirtschaftsfeier treiben wollten. Die dummen Schafe benahmen sich in den Straßen aber nicht wie ordentliche Verkehrsteilnehmer, sondern eben wie Schafe. Als die Hirten die Übersicht verloren, errichtete die Polizei eilig Straßensperren, doch davon lässt sich ein Schaf, zumindest ein australisches, nicht verwirren. Übrigens bedeutet die Redensart »die Schafe austreiben«: sich albern benehmen.

Gewusst wo

Der Natur könnte der Mensch doch hie und da wieder einmal den Vortritt lassen. Doch allein diesen Gedanken zu verbreiten fällt schwer, da der denkfähige Mensch ja auch die Bürokratie erschuf. Deutsche Tierschützer wollten Abgeordnete des Europäischen Parlaments bitten, etwas gegen Tiertransporte quer durch Europa zu tun. Deshalb schickten sie in Paketen sechstausend Briefe an das Europaparlament in Brüssel. Wenige Tage später kamen die Pakete zurück, und eine Rechnung über 256 Mark und 70 Pfennige für die Rücksendung. Den Grund dafür stempelte die belgische Post in fünf Sprachen ganz unmissverständlich auf die Paketkarten: Das Europaparlament sei in Brüssel: inconnu, onbekend, unknown, desconocido, unbekannt.

Echte Imitation

Nicht nur wenn Politiker als Tiere dargestellt werden, freut sich der einfache Bürger, sondern auch wenn der Mensch besonders echt Tiere nachahmt. Beim Schweinemarkt im französischen Trie-sur-Braïse wurde die Weltmeisterschaft im Schweinegrunzen veranstaltet, die der Franzose René Veyet gewann. Die sechsköpfige Jury war besonders beeindruckt, wie lebensecht Veyet das Quieken von Schweinen in Todesangst kurz vor der Schlachtung gelang.

Rindviecher erwünscht

In seiner Rede zur Eröffnung der Frankfurter Buchmesse sagte der Wiener Schriftsteller Robert Menasse: »Schade, dass Kühe nicht reden können. Sie würden als Eröffnungsredner von Landwirtschaftsmessen die schönsten Reden über ein friedvolles Zusammenleben aller Arten auf diesem Planeten und die notwendige Versöhnung von Mensch und Natur halten. Meine Erfahrung mit literarischen Festansprachen ist, dass man vom Schriftsteller erwartet, ein solches Rindvieh zu sein.«

Anstand

Die Bewohner des Altenheims in der süd-
mährischen Stadt Teltsch werden vor dem
Einzug ins Heim mit einem Schreiben der Leitung des Hauses aufgefordert, ihre Totenkleider
mitzubringen, da es äußerst schwer sei, von
Verwandten eines Verstorbenen entsprechende
Kleidungsstücke zu erhalten. Begründung für
die Vorschrift: »Tote müssen im Sarg anständig
bekleidet sein.«

Engel stören

An Allerheiligen gedenken viele Menschen ihrer Toten auf den Friedhöfen. Und wegen dieses Gedenktages ist es in Saarburg zu einem großen Streit über das Empfinden der Menschen gekommen. Da war dem Wilfried Schreiner seine Mutter gestorben. In monatelanger Arbeit fertigte er mit seinen Geschwistern einen schönen weißen Engel, den sie auf das Grab stellten. Doch prompt erregte sich der zuständige Friedhofssachbearbeiter bei der Gemeindeverwaltung in Saarburg und verhängte ein Bußgeld von zweihundert Mark. Der Engel wirke störend und müsse vor Allerheiligen verschwinden. Wenn nicht, so der Sachbearbeiter, dann müsse ein Sack drübergezogen werden.

Des Lebens Würze

Wo sich Mann und Weib verbindet, keimen Glück und Seligkeit«, dichtete der deutsche Autor Frank Wedekind um die Jahrhundertwende und fuhr fort: »Alles Wohl beruht auf Paarung. Wie dem Leben Poesie, fehle Maggi's Suppen-Nahrung, Maggi's Speise-Würze nie.« Mit dem Honorar für Werbesprüche hielt sich Wedekind über Wasser.

Verdächtig klassisch

In einer Kölner Gaststätte zog dieser Tage eine junge Frau versehentlich den falschen Mantel an. In einer Tasche entdeckte sie eine verdächtige Skizze auf einer Papierserviette. Und geschrieben standen neben dem Wort »Gefängnis« die beiden italienischen Namen Pizzaro und Rocco. Mafia plant Ausbruch, dachte das helle Mädchen und benachrichtigte die Polizei. Flugs wurden die Gefängnisse in der Umgebung gewarnt, bis ein Beamter das Rätsel löste. Als Kenner klassischer Musik wusste er, dass Gouverneur Don Pizzaro und Kerkermeister Rocco aus Beethovens Oper *Fidelio* stammen.

Vertauschte Rollen

Die *Carmina Burana* sind inzwischen ein rechter Ohrenwurm. Sie machen als Hintergrundmusik für Fernsehreklame Appetit auf Schokolade oder Boxer Henry Maske fit für den Ring. Auf Musik-CDs der *Carmina Burana* steht inzwischen: »Bekannt aus der Werbung.«

Tankt Vanille ...

Für viele, die unter dem deutschen Ladenschluss leiden, ist Frankreich das Land der Freiheit. Dort kann jeder auch am Sonntag frische Brötchen kaufen. Das ist eine Frage der Lebensart. Und dass die Franzosen darin besonders erfindungsreich sind, beweisen sie jetzt wieder einmal. Weil sich 41 Prozent der Männer und 74 Prozent der Frauen durch den Gestank von Benzin an Tankstellen belästigt fühlen, werden jetzt alle Treibstoffe des Ölkonzerns Total mit Geruchsnoten versehen. Unter anderem sind Vanille und verschiedene Fruchtsorten vorgesehen. Der Literpreis bleibt unverändert. Auch sonntags.

… und keine Blumen!

Die deutschen Gerichte müssen sich auch um den kleinsten Kram kümmern. Kein Wunder, dass sie überlastet sind. Jetzt hatten sie zu entscheiden, ob sonntags an einer Tankstelle Blumen verkauft werden dürfen. Das Urteil fiel den Richtern leicht: Blumen dürfen nicht verkauft werden. Und warum? Ganz einfach. Blumen können »auch bei weitester Auslegung nicht als Ersatzteile für Kraftfahrzeuge oder als Betriebsstoffe gelten«.

Goldesel

Zwei wichtige Meldungen, die Ihr Leben verändern werden: In Israel haben Gemüsebauern salzige Tomaten gezüchtet und machen sich jetzt an die Arbeit, um salzige Gurken folgen zu lassen. Hingegen hat ein australischer Geologe Mikroben vom Stamme »Pedomikrobium« entdeckt, die Gold ausscheiden. Angeblich braucht man sie nur in Gewässern anzusiedeln, die durch Goldvorkommen fließen, dann scheiden sie pausenlos Gold aus.

Trittbrettflieger

Ein Sammler hat letztens beim Auktionshaus Sotheby's ein Bild des amerikanischen Popkünstlers Roy Lichtenstein für 2,5 Millionen Dollar mit einer Kreditkarte erstanden. Denn das Kreditkartenunternehmen verspricht für jeden Dollar, der mit der Plastikkarte bezahlt wird, eine kostenlose Flugmeile. Für den Preis des Bildes kann der Käufer jetzt hundertmal kostenlos um die Erde fliegen, immer dorthin, wo es angenehm ist.

Alles im Griff

Da ein Aquarium Wasser und Strom verbraucht, muss ein Polizist für seine Fischhaltung im Büro eine Pauschale zahlen, die berechnet wird nach Paragraph 52 der Landeshaushaltsordnung in Verbindung mit der Verwaltungsvorschrift für die Entrichtung von Nutzungsentgelt bei Inanspruchnahme von Einrichtungen und Material des Dienstherrns durch Angehörige des öffentlichen Dienstes für private Zwecke außerhalb einer Nebentätigkeit.

Überdehnt

Bei der Arbeit an dem verabschiedeten Schlussdokument der Bevölkerungskonferenz in Kairo gab es auch sprachliche Feinheiten zu berücksichtigen. Wegen der Geburtenkontrolle war der Satz geplant, es solle in der ganzen Welt eine ausgedehnte Kondomverteilung vorgenommen werden. Gegen diese Formulierung protestierte Nigeria aus der Sorge vor dem Missverständnis, es würden dann ausgedehnte Kondome verteilt. Also wird eine ausgedehnte Verteilung von Kondomen empfohlen. Jetzt passt's.

Stille Rache

Um das neue chinesische Jahr gebührend zu begrüßen, wurden bisher immer laut knallende Feuerwerkskörper gezündet. Mit dem Lärm werden bekanntlich böse Geister vertrieben. Dieses Jahr waren Knaller verboten, weil damit in den letzten Jahren Tausende von Menschen verletzt wurden. Was tun, um die Geister zu vertreiben? Ganz einfach: Findige Kerlchen haben Kassetten mit Knallgeräuschen verkauft. Aber auch die wurden von der Polizei verboten, denn sie könnten zum Zünden echter Knaller anregen. Nun erklärt die Akademie der Wissenschaften in Peking, im kommenden Jahr des Hundes drohe der Zorn des Himmels.

Ohne Gott ist man ärmer

Die Menschen streben so gierig nach Geld, als wenn es ein Wundermittel wäre, das Blinde wieder sehen, Taube wieder hören und Lahme wieder gehen ließe. Und so sagte sich Kim Kesecker von der Fellowship Church im amerikanischen Maryland: »Die Leute gehen nicht mehr in die Kirche, weil dort immer um Geld gebeten wird. Weshalb nicht mutig sein und den Kirchgängern Geld geben?« Und plötzlich ist seine Kirche doppelt so voll wie sonst, seitdem jeder, der neu kommt, zehn Dollar erhält.

Kulturpolitik

Die Bayern sind ja für deftige Flüche bekannt. So war angeblich ein »piccolo stronzo« schuld daran, dass erst zwei Tage nach der Stadtratswahl in München das Endergebnis bekannt gegeben wurde, obwohl die Planung technologisch absolut perfekt war. Doch ein Lehrer brachte alles durcheinander. Als Wahlleiter seines Stimmbezirks hatte er schon um 17 Uhr 15 alles ausgezählt. Mit den Unterlagen setzte er sich dann ins Auto und ward nicht mehr gesehen. Mitarbeiter des Wählamtes suchten alle Gasthäuser ab und fahndeten nach dem Verschollenen bei Polizei und Krankenhäusern. Ohne Erfolg. So wurde die Verkündung des Endergebnisses auf den nächsten Tag verschoben. Der Lehrer hatte die Wahlunterlagen zu Hause abgelegt und war seelenruhig in die Münchener Residenz zu einer »schöngeistigen Veranstaltung« gegangen.

Manchmal hat
die Polizei auch recht

Manche Probleme löst die Polizei in Essen sehr schnell. Das beweist folgende wahre Geschichte. Im Polizeibericht heißt es unter Vorfall 606: Eine Frau rief völlig aufgelöst über Notruf 110 auf der Einsatzleitstelle an: »Ich bin so beunruhigt, ein Unbekannter telefonierte mit mir und forderte 30000 Mark, wenn ich meine Tochter lebend wiedersehen möchte.« Der Polizeibeamte: »Wie alt ist Ihre Tochter?« Die Frau: »Ich habe gar keine Tochter.« Polizeibeamter: »Warum sind Sie dann so beunruhigt?« Die Frau: »Da haben Sie auch wieder recht.«

Knapp daneben

Wenn im richtigen Leben ein Wolf auftaucht, gibt's gleich Panik. In Hessen wurde 1820 der letzte Wolf gesichtet, bis jetzt wieder einer des Wegs daherkam. Der zuständige Landrat erteilte die Erlaubnis, das Tier abzuschießen, denn es sei »verhaltensgestört«, da es sich von einem Jäger filmen ließ, ohne den gleich aufzufressen. In Deutschland ist aber das Töten eines Wolfes unvereinbar mit dem Bundesnaturschutzgesetz. Also wurde die Abschusserlaubnis zurückgezogen. Den Wolf ließ das alles kalt. Er ist längst über alle Berge.

Geregelter Rückzug

In der Liebe ist es wie in der Politik. Wer nicht erhört wird, wünscht sich ans Ende der Welt. Auch bei Wahlen werden häufig starke Gefühle freigesetzt, sodass Verlierer im ersten Schock häufig sagen: Das ist ja zum Auswandern. Diese Fluchtgedanken kann man in silberne Münze verwandeln, sagte sich ein kluger Italiener, denn dort wurde wieder mal ein neues Parlament gewählt. Wer auswandern will, kann sich vertrauensvoll an die Agentur Exodus in Pisa wenden. Exodus regelt alle Ausreiseformalitäten, bezahlt die noch anstehenden Strom- und Gasrechnungen, bringt die Haustiere unter und füllt weiterhin die Totoscheine aus.

Da war doch noch was?

Achtung, ältere Männer! Das Münchner Max-Planck-Institut für Psychiatrie hat an fünfzigjährigen Männern mit hohem Intelligenzquotienten untersucht, wie sich Marathonlaufen auf ihr Gedächtnis auswirkt. Das Ergebnis lässt aufhorchen. Eine halbe Stunde nach dem Erlernen bestimmter Begriffe konnten die fünfzigjährigen Läufer sich wesentlich schlechter erinnern als unsportliche Altersgenossen. Der hohe Ausstoß des Stresshormons Cortisol führt dazu, dass alte Marathonläufer besonders vergesslich sind.

Der Segen der Korruption

In dem als Mafia-Hochburg verrufenen Neapel soll die Korruption jetzt dem Volke dienen. Antonio Bassolino will einen öffentlichen Garten mit Schmiergeldern finanzieren. Über vier Millionen Mark Bestechungsgeld hatte der ehemalige Lokalpolitiker Alfredo Vito erhalten und jetzt an die Stadt zurückgezahlt. Der Traum des Bürgermeisters: »Sollten alle Schmiergelder wieder reingeholt werden, könnten wir in ganz Neapel Schulen und Parks bauen.«

Mörderische Weihnachten

Bedenken Sie beim Kauf der letzten Kleinigkeiten vor Weihnachten bitte die Warnungen des Kölner Seelenarztes Hermann-Josef Berk. Nach seiner Erkenntnis ist Weihnachten das gefährlichste aller Feste. Denn es sei als »total süße Verschmelzung« angelegt, mit einer »ungeheuren Arbeit von der Geschenkauswahl bis zum Festmenü«. Und wenn die Geschenke falsch ausgewählt sind, so der Psychologe, überstehen viele den Heiligen Abend nur mit Tränen in den Augen. Gutscheine und Geld seien Notwehr beim Drahtseilakt des Schenkens, denn »die zwölfte Krawatte, das ist wie ein Messerstich, einfach mörderisch«.

Keine Trainingshosen, bitte

Der berufsmäßige Weihnachtsmann soll jetzt nach Wunsch von Tom Valent genormt werden. Tom Valent ist Leiter der berühmtesten Weihnachtsmann-Schule in den USA. Ein britisches Unternehmen lud ihn nach London ein aus Sorge vor den einheitlichen Weihnachtsmännern. Valent warf seinen britischen Schülern vor, ihnen fehle es an Humor und sie seien zu langweilig im Umgang mit Kindern. Er ermahnte sie, niemals zu trinken, niemals zu rauchen, schlechten Atem genauso zu meiden wie billigen Glitzerkram, keine Trainingshosen zu tragen und immer pechschwarze Stiefel anzuziehen.

Auch wieder falsch

In der Predigt von der Kanzel entschuldigte sich Kanonikus Brian Andrews wegen eines misslungenen Aufklärungsversuchs. Er hatte Kindern seiner Gemeinde klarmachen wollen, dass die Geschichte von Jesus kein Märchen sei, wie etwa das vom Weihnachtsmann. Aber als der Priester den Kindern erzählte, dass die Eltern zu Weihnachten die Strümpfe mit Geschenken füllten, und nicht der Weihnachtsmann, fingen die Kinder zu weinen an.

Nicht steigerungsfähig

Der deutschen Filmindustrie geht es ja nicht so gut, obwohl die Bürokratie immer wieder Stoff für Kurzfilme liefert. Da hatte der Regisseur Zoltan Spirandelli für seinen grandiosen Kurzfilm *Wie Erwin Strunz den Sexfilm drehte* das Filmband in Gold erhalten, was einem Prädikat »besonders wertvoll« entspricht. Dafür stehen ihm Mittel der Filmförderungsanstalt zu. Die erhält er aber nicht. Denn die Anstalt meint: Nicht das Prädikat »besonders wertvoll« sei Voraussetzung für die Fördermittel, sondern nur das Prädikat »wertvoll«. Das hat er aber nicht.

Große Besetzung

Seit dem Ausscheiden des Dirigenten Justus Frantz aus dem Schleswig-Holstein Musik Festival, das in Scheunen und Schlössern stattfindet, müssen Konzerte wegen fehlendem Interesse abgesagt werden. Überfüllt war dagegen gestern Abend die Festspielscheune des Dorfes Stelzen bei der Uraufführung der *Landmaschinen-Symphonie 302*. Neben Fagott, Bass und Viola ertönten auch Traktor, Heuwender und Sämaschinen, damit – so die Komponisten Erwin Stäche und Henry Schneider – das Publikum »ein wenig verrückt und ein wenig aus dem Alltag verschoben« wird. Mit Erfolg, denn die Zuhörer klatschten wie wahnsinnig.

Verletztes Klischee

Klischeedenken ist immer gefährlich. Das wird erfahren, wer eine Geisha mietet, die ihm nur japanische Gedichte vorsagt. Klischeedenken kennt keine Grenzen. In Kairo werden alle Filme zensiert, außer jenen, die auf einem Festival laufen. Nur dort können sich Ägypter an Sexszenen vergnügen. Aber auch das führt zu Klischeedenken, so als seien Festivalfilme immer erotisch. Dennoch verleitete das Klischeedenken viele Menschen in Kairo dazu, in den italienischen *Film der Freude und Erregung* zu gehen. Der Streifen hatte jedoch mit Sex nichts zu tun, woraufhin die verärgerten Zuschauer das Kino kurz und klein schlugen.

Schadensbegrenzung

Weil gestern ein Albaner seine Frau bei einer sicher geglaubten Fußballwette verlor, wurde Franz Beckenbauer heute vorsichtig. Über Berti Vogts sagte er: »Auf ihn würde ich alles setzen, nur meine Frau und mein Haus nicht.«

Nichts ist unmöglich

Vor einer Epidemie, einer Seuche, fürchtet sich jedermann. Kein Wunder also, dass die Bürger von Lodz an Apotheken für Medizin anstanden und Seuchendienste in Alarmbereitschaft versetzt wurden, als Lautsprecherwagen in der Stadt verkündeten: »Die Epidemie breitet sich in ganz Polen aus. Die einzige Rettung besteht darin, sich ins Kino zu begeben.« Sofort verbreitete sich das Gerücht, in der Slowakei habe sich eine Atomkatastrophe ereignet. Ruhe kehrte erst ein, nachdem das Fernsehen berichtet hatte, es habe sich um Werbung gehandelt – für den Katastrophenfilm *Epidemie*.

Handwerk hat
schwankenden Boden

Die Seekrankheit englischer Handwerker auf dem Luxusliner Queen Elizabeth hat zu fürchterlichem Kuddelmuddel bei der Überfahrt nach New York geführt. Eine Reisende aus Florida empört sich: »Als ich die Spülung bedienen wollte, flog mir der Inhalt der Toilette um die Ohren.« Viele Reisende mussten die Nacht auf Matratzen in Aufenthaltsräumen verbringen. Die Kabinen wurden nicht fertig, da die Arbeiter vor Übelkeit keinen Handschlag tun konnten.

Schlaf in Dosen

Europa, so sagen Kritiker, habe zwar Ideen, doch Japan setze sie um. Das trifft selbst auf den Spruch zu: Schlaf schneller, Genosse! In Osaka hat ein Geschäftsmann riesigen Erfolg mit einem Schnellschlaf-Hotel. Für 4 Mark 40 kann man eine halbe Stunde in der Schlafkoje schlummern, für 3 Mark auf einem Liegestuhl. Die meisten Gäste bleiben ein Stündchen, und über mangelnde Kundschaft braucht der Unternehmer nicht zu klagen, denn das Hotel liegt in einem Bürohochhaus mitten im Stadtzentrum.

Kurze Pause

Astrologen in Bangladesch haben dringend geraten, während der Sonnenfinsternis auf Essen und Sex zu verzichten. Sie dauerte allerdings nur zweieinhalb Minuten.

Klarstellung

Nicht nur Musicals sind unterhaltend, sondern auch Entscheidungen des Europäischen Gerichtshofs. Der hat endlich eine Antwort auf die brennende Frage gefunden, was Schlafanzüge sind und wofür sie im Wesentlichen verwendet werden. Danach sind Schlafanzüge im Sinne der Position 6108 der Kombinierten Nomenklatur des Gemeinsamen Zolltarifs nicht nur solche Zusammenstellungen von zwei Kleidungsstücken aus Gewirken oder Gestricken, die nach ihrem äußeren Erscheinungsbild ausschließlich zum Tragen im Bett bestimmt sind, sondern auch solche, die im Wesentlichen hierfür verwendet werden.

Falsche Adresse

Nach der Wende sind viele Straßen in den östlichen Bundesländern neu benannt worden, denn Lenin, Otto Grotewohl oder Wilhelm Pieck stehen nicht mehr in so hoher Gunst. In der Gemeinde Wulkenzin bei Neubrandenburg sind nun einige Straßen neu gebaut worden und wurden nach Vogelarten benannt. Eine Straße endet als Sackgasse in einem Wendekreis, doch der Name des spechtartigen Vogels, den sie tragen soll, gefällt den Anwohnern ganz und gar nicht. Wer möchte auch in einer Wendehals-Straße wohnen?

Alles sinkt

Um die Lebensverhältnisse in Schwerin dem Weststandard anzupassen, sind dort seit der deutschen Einheit viele städtische Bauaufträge vergeben worden. Natürlich, so teilte der Oberbürgermeister mit, kann der erhebliche Nachholbedarf nicht sofort überall gedeckt werden. Dennoch feierte er heute schon die tausendste Bordsteinabsenkung in seiner Stadt.

Umdenken

Weil das Land Hessen fortschrittlich ist, muss dort in jeder Gemeinde eine Frauenbeauftragte eingestellt werden, so auch in Rockenberg. Zweimal schrieb der Bürgermeister die Stelle aus, zweimal umsonst. Stattdessen erhielt er einen Protestbrief von den Frauen, die in der Gemeindeverwaltung arbeiten. Sie halten den Frauenförderplan für sinnlos, denn im Rockenberger Rathaus sind die Frauen in der Überzahl – selbst in Spitzenpositionen. Sie fordern jetzt einen Männerbeauftragten.

Natürlicher Lärmschutz

Wenn Wale Lärm machen, entspricht dies ihrer Natur, und wer etwas dagegen hat, kriegt's gleich mit Umweltschützern zu tun. Anders ist das mit Kindern. Deshalb dürfen die Kleinen in den Schwimmbädern von Hamburg beim Planschen keinen Lärm mehr machen. Denn, so begründete dies eine Sprecherin der Hamburger Wasserwerke, Nachbarn hätten sich über den Geräuschpegel beschwert. Kinder sind eben keine Wale.

Arbeit bedroht die Familie

Ob Arbeit jung hält oder sozial ist, darüber gibt es zweierlei Meinung. In Italien traten die Staatsangestellten heute in den Streik, weil sie künftig jeden Tag statt bis 14 Uhr bis 17 Uhr 30 an ihren Schreibtischen sitzen sollen. Eine solch lange Arbeitszeit halten sie für familienfeindlich.

Flüchtige Verführung

Genies werden gerne verkannt, ob in Bayreuth, Tübingen oder im heißen Kuala Lumpur. Dort wurde den weiblichen Staatsangestellten eingeschärft, dass sie nicht fünfmal am Tag beten müssten. Der Grund für die Ermahnung war, dass sie besonders gern die religiösen Zeremonien eines islamischen Geistlichen besuchten. Der wurde jetzt aber wegen Verkündung abweichender Lehren angeklagt. Das Gebet des genialen Predigers bestand darin, dass er den Bauchnabel seiner Anhängerinnen küsste.

Ha(h)nebüchen

Nicht jeder Hahn darf auf dem Mist krähen, wann er will, sondern von jetzt an legt die deutsche Justiz fest, zu welchen Zeiten Hahngeschrei »ortsüblich« ist. Das Oldenburger Oberlandesgericht urteilte auf Klagen einer alten Dame, der Hahn ihres Nachbarn müsse von abends acht bis morgens acht schalldicht verwahrt werden, und richtete sich damit nach dem Landgericht München, das dem Gockel Freddy II. die gleichen Verschlusszeiten verordnet hatte, während dem Celler Zwerghahn Willy V. das Krähen von Gerichts wegen von morgens sechs bis abends um zehn erlaubt ist.

Seltenes Kamel

Der Mensch unterscheidet sich vom Kamel durch die Füße. Das Buckeltier ist ein Schwielensohler, der *Homo ludens* ein Sohlengänger. Nun haben in Lauf bei Nürnberg einige Sohlengänger einen Reitverein mit Schwielensohlern gegründet und wollen aus Ägypten ein eingerittenes Höckertier einführen. Das verbietet aber der im bayrischen Wirtschaftsministerium sitzende Sohlengänger, der sich auf die europäische Binnenmarkt-Tierseuchenschutzverordnung über die Einfuhr von Schwielensohlern beruft. Danach kann ein Kamel aus Ungarn, aber nicht aus Ägypten eingeführt werden. Von dort soll das Tier aber kommen, weil es besonders gut eingeritten ist. Und außerdem: In Ungarn gibt es keine Schwielensohler.

Auf Wacht

Nachtwächter sind die Männer, wenn es um die Gleichberechtigung geht, und daran ändert sich auch nichts, wenn Frauen als Nachtwächter beim Nachtwächterseminar mit der Note 1,1 abschneiden, wie zum Beispiel Lilo Vesterling aus Goslar im Harz. Als sie nach bestandener Prüfung den Antrag stellte, in die ausschließlich von Männern beherrschte Zunft der Nachtwächter als erstes weibliche Wesen aufgenommen zu werden, lehnten die Herren das ab. Die Nachtwächter.

Änderungswütig

Der Staat verordnet zu viel. Noch schlimmer aber – er verändert Verordnungen, sodass man sie kaum noch versteht. Ein Beispiel: Es gibt die »Verordnung zur Umstellung der Verordnung zur Einführung der Verordnung über die Beförderung gefährlicher Güter auf dem Rhein und über die Ausdehnung dieser Verordnung über die übrigen Bundeswasserstraßen auf das Gesetz über die Beförderung gefährlicher Güter sowie zur Änderung dieser Verordnung«.

Schöner die Glocken
nie klingen

In dieser modernen Welt stimmt es froh, wenn irgendwo noch gutes altes Brauchtum bewahrt wird. Doch nur des Geldes wegen geht die deutsche Justiz jetzt gegen jahrhundertealte Bräuche vor. Im bayrischen Ort Ofterschwang wurde dem Bauer Walter Haslach mit einer Strafe von 30 000 Mark gedroht, falls er seine Kühe mit Glocken auf die Wiese treibe. Der Glockenlärm, so die Begründung, verscheuche die Feriengäste einer Pension. Nun bekommen die deutschen Richter erst recht viel Arbeit, denn heute war Almabtrieb, und die Kuhherden wurden von den Hochalpen wieder in die Dörfer gebracht. Merkwürdigerweise strömten zu diesem seit 215 Jahren stattfindenden Viehscheid im Allgäu zehnmal mehr Touristen als Kühe. Und keinen störte das wunderbare Läuten der Glocken. Es waren allerdings auch nur Kühe und keine Ochsen unterwegs.

Tauben blau

Die Forchheimer wollten Tauben fangen, die von der Regenrinne aus ihr historisches Rathaus bekleckern. Um dies zu tun, streuten sie in Dessertwein getauchte Brotkrumen aus. Doch der Wein beschwingte noch den Flug des Federviehs! Nun empfahl der Amtstierarzt, fünfundvierzigprozentigen Obstler einzusetzen. Tatsächlich torkelten die Tauben jetzt wie Schnapsdrosseln, dennoch gelang ihnen erneut die Flucht aufs Dach des Rathauses. Dort kippten sie rückwärts in die Regenrinne. Nach zweistündigem Schlaf waren sie aber wieder putzmunter.

Herrenschweine

An Orwells Buch *Farm der Tiere* erinnert eine Aktion der englischen Polizei. In Orwells Utopia jagen die Tiere den bösen Bauern vom Hof und betreiben selbst die Landwirtschaft, nach dem Prinzip »Alle Tiere sind gleich. Nur manche sind gleicher«. Und das sind die Schweine, die als schlaueste Tiere die Herrschaft an sich reißen. Jetzt hat die englische Polizei ein Schwein gefunden. Vier Bauern behaupten, es gehöre ihnen. Nun werden die Bauern dem Schwein gegenübergestellt, damit es durch Schnüffeln selbst entscheidet, wer sein Herrchen ist.

Positiv denken!

Ein Gläschen in Ehren kann niemand verwehren, und außerdem soll Alkohol ja auch – in Maßen genossen – gesund sein. Gesund sei es auch zu rauchen, hat jetzt Pedro Perez, Chef des spanischen Tabakmonopols, öffentlich behauptet und damit einen Sturm der Entrüstung entfacht. Rauchen, sagte Perez, sei gesund für die Lunge und beuge Erkrankungen wie Schüttellähmung und Gehirnschwund vor. Außerdem vermindere der Genuss von 15 Zigaretten am Tag die Gefahr, dem Altersschwachsinn zu verfallen.

Nicht immer,
aber immer öfter

Politiker sind auch nur Menschen. Sie leben also gefährlich. So kam der finnische Präsident Martti Ahtisaari von seinem ersten Staatsbesuch mit einem dicken Pflaster auf der Stirn zurück. Er war im Schloss des schwedischen Königs auf eine Tischecke gefallen. Und als er beim Abendessen mit Schwedens Ministerpräsidenten eine Rede halten sollte, sprach er nur wenige Worte, verließ den Tisch und verlor das Gleichgewicht. Eine Lampe ging zu Bruch. Der Präsident erklärte das Taumeln mit zu glatten Sohlen seiner neuen Lackschuhe. Prost.

Gemeine Droge

Eine besonders gefährliche Eigenschaft von Marihuana hatte ein Drogenpolizist in den Vereinigten Staaten von Amerika schon im Jahr 1948 festgestellt: Es mache pazifistisch und sei deshalb ein treffliches Mittel für Kommunisten, die wehrhafte amerikanische Demokratie entscheidend zu schwächen.

Vorauseilende Pietät

Eine Komödie entwickelt sich um das Grab des ehemaligen französischen Staatspräsidenten François Mitterrand. Der hat auf dem Berg Beuvrey, auf dem sich der keltische Fürst Vercingetorix im ersten Jahrhundert vor Christus zum Führer der Gallier erklärt hatte, für einen symbolischen Franc eine Grabfläche gekauft. Jetzt möchte der Imker Michel Hersant seine Bienenstöcke dort aufstellen und zu Hütern der Grabstätte abrichten, während die Künstlerin Chantal Dunoyer ein Grundstück gleich nebenan erwerben will, um bei den später zu erwartenden Touristen ihre Bilder zu verhökern.

Scharfe Diagnose

Im Wandel der Zeiten verändert sich nun auch das, was einmal der Hausarzt war. Bisher war das der Onkel Doktor, zu dem man mit jedem Wehwehchen ging. Weil aber alles geregelt und genormt sein muss, hat die Bürokatie für Ärzte einen einheitlichen Bewertungsmaßstab eingeführt. Danach sind Ärzte nur dann hausärztlich tätig, »wenn sie einen Anspruch auf eine hausärztliche Vergütung haben«. In gut Deutsch übersetzt: Der Hausarzt, der hausärztlich tätig ist, aber nach der Gebührenordnung nicht hausärztlich abrechnen kann, ist kein Hausarzt mehr.

Im Dienst der Allgemeinheit

Ein Gewissenskonflikt kostet den Chefchirurgen des Kreiskrankenhauses Bretten viel Geld. Der Arzt hatte einem Patienten den Bauch aufgeschnitten und dann, ohne etwas zu sagen, den Operationssaal verlassen. Die Schwestern und Assistenzärzte waren verblüfft und hielten den Kranken weiter unter Vollnarkose. Nach über einer Stunde kam der Chirurg zurück und nähte den Mann zu. Der Chefarzt, der deswegen heute zu dreißigtausend Mark Strafe verurteilt wurde, erklärte sein Verhalten mit einem Gewissenskonflikt. Auf dem Tisch lag zwar der aufgeschnittene Mann, aber vor der Tür wartete der örtliche Bundestagsabgeordnete. Das Gespräch mit dem Politiker war dem Arzt schließlich wichtiger, denn es ging um die schlechte medizinische Versorgung von Patienten.

Billiger Scherz

Die Engländer schrecken vor nichts zurück. Charles ist geköpft worden, nun werden seine Haare am 6. April im Auktionshaus Bonham versteigert. König Charles 1. wurde vor 346 Jahren enthauptet. Als Arbeiter 1813 aus Versehen die Wand zur Gruft des Königs in Windsor Castle durchbrachen, nutzte der Hofarzt flugs die Gelegenheit und schnitt die Haare vom Kopf ab, der an die restliche Leiche von Charles 1. wieder angenäht worden war. Man rechnet jetzt mit einem Mindestgebot von 1 200 Mark.

Königliche Teilung

Zum ersten Mal seit 1826 fand in Großbritannien wieder eine landesweite Lotterie statt. Auch Königin Elisabeth II. tippte mit. Drei Richtige schaffte sie und erhält dafür 24 Mark. Davon bleiben ihr aber nur 1 Mark 20, denn sie muss mit 19 Mitgliedern des Königshauses teilen, mit denen sie eine Wettgemeinschaft gegründet hat.

Who with whom?

Unsere Gerichte, so wird geklagt, seien überlastet. Das stimmt. Dank des *Bonner Generalanzeigers* wissen wir, warum. Denn vor dem Zivilrichter Volker Huhn klagte gestern Herr Klaus, beim Rasenmähen sei er am Hinterkopf von einer Salatgurke getroffen worden. Die Wucht habe eine Gehirnerschütterung verursacht. Geworfen habe der Sohn des Nachbarn Paul. Der Sohn erklärte: Er habe die Gurke nur zurückgeschmissen. Nachbar Paul klagte, Herr Klaus habe Dreck nach Frau Paul geworfen. Daraufhin hatte Sohn Paul eine Kartoffel in den Auspuff von Herrn Klaus gesteckt, der dann das Fahrrad von Sohn Paul klaute, der wiederum auf die frisch geputzten Scheiben des Autos von Herrn Klaus spuckte. Weil der Versöhnungsversuch von Richter Huhn platzte, findet nun ein neuer Gerichtstermin statt.

Wennschon, dennschon

Eine Rechenaufgabe: Was lohnt sich mehr – Ladendiebstahl oder Subventionsbetrug? 1994 wurden Werte von 4,5 Milliarden Mark bei 613 581 Ladendiebstählen gestohlen. Bei nur 4264 Betrügereien mit Fördergeldern der Europäischen Union sind dagegen 2 Milliarden Mark abhandengekommen, davon eine Milliarde bei Betrug mit Subventionen für die Landwirtschaft.

Verteidigung der Kultur

Die Polizei in Potsdam musste heute früh das Kultusministerium freikämpfen. Drei Nachtwächter hatten sich so betrunken, dass sie beschlossen, die Gebäude bedingungslos zu verteidigen. Und so zielten sie mit ihren Dienstpistolen auf die in der Früh mit Besen und Schrubber anrückenden Putzfrauen. Die Polizei konnte die Schnapsdrosseln schließlich überwältigen. Selbst am Nachmittag stand das Trio noch so unter Alkohol, dass der Versuch einer Vernehmung scheiterte.

Stabiles Brauchtum

Sitten und Bräuche der Männer ändern sich selbst in Jahrtausenden nur wenig. Die alten Germanen machten im Frühjahr Flurumgänge und baten dabei die Götter um ein fruchtbares Jahr. Damit die Wünsche auch wirkten, setzten die Männer sich anschließend zu einem kräftigen Umtrunk zusammen. Heute nennt man das Vatertag.

Kunst & Kohle

Vor Jahren hat Christo in Paris den Pont Neuf, eine der ältesten Brücken der Stadt, verpackt. Es war ein wunderschönes Ereignis. Doch für solch ein monumentales Projekt mitten im Verkehr benötigte der Künstler die Zustimmung des Bürgermeisters Jacques Chirac. Obwohl Christo versprach, alle Kosten allein zu tragen, sagte Chirac erst einmal Nein. Dann aber rief der Kunstagent Pierre Nahon bei Christo an und versprach, das Rathaus werde zustimmen – für eine Spende von hunderttausend Dollar in die Wahlkampfkasse.

Gute Wahl

Politik kann auch ganz gemütlich sein. Auf der Hallig Gröde diente heute als Wahlkabine das Haus des Bürgermeisters, die Urne stand im Wohnzimmer. Diese persönliche Betreuung führte zu einer Wahlbeteiligung von hundert Prozent. Schon um halb zwölf hatte das Dutzend Wahlberechtigte gewählt.

Hundstage

Schießwütiger Hund

Was hat es nicht alles schon an Streitigkeiten zwischen Nachbarn gegeben. So musste sich das Amtsgericht Bautzen damit befassen, ob der Kreistagspräsident Kurt Lindner den Dackel seines Nachbarn umgebracht habe. Der Politiker wurde freigesprochen. Er hatte geltend gemacht, nicht er, sondern sein Hund habe den Dackel getötet. Der Staatsanwalt legt jedoch Berufung gegen den Freispruch ein, da der Dackel eindeutig erschossen worden ist.

Lieber Hirsch als Taube

Kleine Tiere spielen im Rechtsstaat nicht die gleiche Rolle wie große. Wegen einer Taube hat ein Kölner Autofahrer gebremst und damit einen Auffahrunfall verursacht. Wegen seiner Tierliebe habe er fahrlässig Menschen gefährdet, meinte ein Richter und verurteilte ihn, vierzig Prozent des Schadens aus eigener Tasche zu begleichen. Wäre die Taube jedoch ein Hirsch gewesen, hätte die Versicherung alles gezahlt.

Viehteilung

Jedem Tierchen sein Pläsierchen, sagt man so naiv. Was aber, wenn Herrchen und Frauchen sich trennen? In Holland hat eine jüngst geschiedene Frau vor dem Gericht der Stadt Zwolle ein Recht auf Umgang mit dem Familienpapagei eingeklagt. Vierzehn Jahre lang lebte das Ehepaar mit dem Tier zusammen. Nach der Scheidung behielt der Mann das Federvieh. Jetzt will sie den Papagei für die Hälfte des Jahres. Die Präsidentin des Gerichts sagte nach der heutigen Sitzung: »Wenn es um Kinder geht, kann ich den Rat des Kinderschutzbundes einholen.« Und ist ratlos.

Merkwürdige Gangart

In Stuttgart stieg ein Hund ohne Fahrkarte ganz allein in eine Straßenbahn und fuhr in die Innenstadt. Eine Frau meldete den Schwarzfahrer. Im Polizeibericht steht: »Zur Tatzeit wurde der Hund in der Passage entdeckt. Dieser zeigte sich, nachdem er von uns angesprochen wurde, sehr unkooperativ und ging weiter. Dabei legte er eine Gangart ein, die uns nötigte, ihm im Laufschritt zu folgen.« Doch erst als die Polizisten eine Wurst kauften, ergab sich der Gejagte. Der Streifenwagen brachte ihn ins Tierheim. Kostenlos.

Ökologischer Biss

In China wurden Verbraucher aufgefordert, nicht alle Schlangen des Landes zu verspeisen. Seitdem die Einkommen steigen, essen Chinesen diätbewusster und verzehren daher besonders gern Schlangen. Denn die besitzen geheimnisvolle Kräfte. Letztens beschlagnahmten Waldhüter einen Transport von anderthalb Tonnen Schlangen der seltensten Arten. In einer chinesischen Tageszeitung heißt es deshalb: »Wenn Sie das nächste Mal eine Schlange auf dem Teller haben, vergessen Sie bitte nicht das Gleichgewicht der Natur.«

Hustenanfällig

Nicht nur der Mensch hat eine Würde, sondern auch ein Gericht. Das ist unumstritten und steht im Gesetz. Wer die Würde des Gerichtes verletzt, der wird bestraft. Das musste jetzt ein Polizeibeamter erfahren, der von einem Kieler Amtsrichter zu 150 Mark Strafe oder drei Tagen Gefängnis verurteilt wurde. Umstritten ist aber, wie man diese Würde verletzen kann. Denn das Oberlandesgericht Schleswig hob die Strafe heute auf. Das Amtsgericht hatte sich in seiner Würde verletzt gefühlt, weil der Polizist ein Hustenbonbon lutschte.

Vorsicht, Kamera

An Filmen erfreuen sich alle Menschen, aber Filme kann man ja auch für Spionage benutzen. Dies muss sich Hauptmann Schneider von der Stasi-Bezirksverwaltung Cottbus, Kreisdienststelle Guben, gedacht haben, als er 1982 ein Westpaket, adressiert an die Person Scherer, Axel, durchsuchte. Im Stasi-Sachstandsbericht, den Scherer jetzt in seinen Akten fand, heißt es nämlich: »Das festgestellte Material trägt größtenteils familiären Charakter.« Dabei fiel aber die Übersendung von Filmmaterial auf: fünf Tesafilme.

Das Echte setzt sich durch

Alle Welt ist aus unverständlichem Grund verrückt auf berühmte Menschen. Und wenn jemand ganz fürchterlich berühmt ist, dann machen auch Doppelgänger Geld. Die Sängerin und Filmschauspielerin Barbra Streisand erlebte nun in New York, was ihre Doppelgängerinnen bewirken. Als sie über die Straße ging, hörte sie einen Mann zu seiner Frau sagen: »Da geht Barbra Streisand.« Die Frau antwortete: »Das sagst du heute schon zum zehnten Mal. Und die sieht ihr nun überhaupt nicht ähnlich.«

Unmögliches Lächeln

Dem Menschen sind dermaßen menschliche Züge angeboren, dass er nicht durch Technik ersetzt werden kann. Zu dieser Erkenntnis kam Dr. Akikazu Takeuchi. Er arbeitet in einem japanischen Labor an der Entwicklung menschlicher Gesichter für Computer. Jetzt gab er zu: »Wir begannen die Experimente mit Audrey Hepburns Gesicht. Ihr Lächeln ist so schön und fein und kultiviert. Aber es liegt außerhalb der technischen Möglichkeiten. Wir bekommen es nicht hin.«

Humor im Fernsehen

Den Deutschen wird fälschlicherweise nachgesagt, sie hätten keinen Humor. Aber wenn Professoren, wie Otto F. Best von der University of Maryland, Witz und Humor mit Kant und Hegel definieren, dann wird es ernst. Danach ist das Lachen ein »Affekt aus der plötzlichen Verwandlung einer gespannten Erwartung in nichts, Resultat des Kontrasts des Wesentlichen mit der Erscheinung, welches – als Referent des Komischen – anspruchsvolles faziales Signal emotionalen oder erkenntnismäßigen Gewinns ist.« Er hielt den Vortrag bei einer Tagung zum Thema »Das Fernsehen und der Humor«.

Üben!

Zu künstlerischen Auftritten gehören Proben, Kostüme und Maskenbildner. Jede Theatertruppe weiß das. Und auch die Mitglieder der »Festungs-Drama-Gruppe« im Gefängnis von Genua übten, verkleideten und schminkten sich so professionell, wie es ging. Mit Erfolg, denn das Gefangenentheater wurde mit einem Stück über die Französische Revolution zu einer Tournee durch Norditalien eingeladen. Doch plötzlich wurden alle verhaftet. Denn die reisenden Häftlinge verkleideten und schminkten sich auch morgens, um bei Bankeinbrüchen unerkannt zu bleiben. Nur hatten sie für diese Nebentätigkeit, so die Polizei, nicht genug geübt.

Verkehrte Fronten

In Frankreich gilt der 11. November als staatlicher Feiertag – im Gedenken an das Ende des Ersten Weltkriegs. Selbst heute wurden französische Veteranen zu Rittern der Ehrenlegion ernannt. Doch es fällt der französischen Regierung immer schwerer, noch lebende Soldaten aus diesem Krieg zu finden. Besondere Probleme mit der Ordensverleihung hatte der Präfekt im Departement Unterrhein. Dort wohnen zwar noch vierzig Kriegsteilnehmer, doch 39 davon kämpften als Bürger des damals deutschen Elsass auf Seiten des Kaisers.

Hygiene ...

Gesundheit hat auch etwas mit Hygiene, mit Sauberkeit zu tun. Deshalb wurde jetzt in der chilenischen Stadt La Granja das örtliche Hygieneinstitut geschlossen – wegen mangelnder Sauberkeit in den eigenen Räumen.

... und Sauberkeit

Weder das Wort noch das Unwort des Jahres sucht der Landschaftsverband Rheinland, sondern das Mundartwort des Jahres. Gewonnen hat »Schottelplack« vor »Fisternöll«. Ein Fisternöll nennen Rheinländer eine Liebschaft. Wichtiger nehmen sie offenbar den Schottelpack: rheinisch für Putzlappen.

Knüppel total

Jeder Wechsel schreckt den Glücklichen, meint Friedrich Schiller. In der Schweiz erstirbt das individuelle Zugpfeifen. In Bayern wird den Polizisten der alte bewährte Gummiknüppel weggenommen. Stattdessen erhalten die Ordnungshüter jetzt einen Rettungs-Mehrzweckstock. Allein acht Stunden muss ein Polizist geschult werden, damit er lernt, diesen Stock sachgerecht zu bedienen.

Freunde in der Not

Wenn nichts mehr gut ist, hilft nur noch beten, werden sich die Fußballer vom HSV sagen, denen so wenig gelang, dass der Sponsor des HSV der Mannschaft verbot, in Trikots mit dessen Namen zu spielen. Prompt fand sich Ersatz. Der Evangelische Kirchentag schickte dem HSV fünfundzwanzig neue Trikots mit der Aufschrift des Propheten Micha: »Es ist dir gesagt, Mensch, was gut ist.« Und damit der HSV wenigstens ein Mal gewinnt, bot die Kirche ein Freundschaftsspiel an mit ihrer nordelbischen Hausmannschaft namens »Die Himmlischen Kicker«.

Eines langen Lebens Freude

Ein besonderes Glückslos glaubte der französische Advokat André-François Raffray gezogen zu haben, als er der neunzigjährigen Jeanne Calment ihr Haus für eine Leibrente von monatlich 2 500 Franc abschwatzte. Doch der Vertrag kam ihn teuer zu stehen. Das Dreifache des Immobilienwertes zahlte er in den verflossenen dreißig Jahren. Jetzt ist er gestorben, während Jeanne Calment immer noch in ihrem Hause lebt und mit hundertzwanzig Jahren als älteste Frau Frankreichs gefeiert wird.

Wenn ich mich nicht irre

Manche Menschen lassen sich inzwischen selbst zum Lustgewinn anderer Leute martern, nur um Geld zu verdienen. Und das dürfen sie, wie ein französisches Gericht beschloss. Das Verbot vom »Zwergenwerfen«, das der Bürgermeister des Ortes Morsang-sur-Orge erlassen hatte, wurde nämlich per richterlichen Beschluss aufgehoben. Zwergenwerfen ist ein Sport, bei dem die Teilnehmer des Wettbewerbs einen Zwerg möglichst weit werfen. Das fand der Bürgermeister menschenunwürdig. Der ein Meter zwanzig kleine Zwerg Manuel Wackenheim will sich aber weiter werfen lassen, weil er nur 3 000 Franc Behindertenrente erhält – knapp tausend Mark; wenn er sich aber werfen lässt, dann macht er das Zehnfache. Jetzt darf er wieder. Das Gericht fand eine merkwürdige Begründung: Zwergenwerfen verletze zwar die Menschenwürde, stelle aber keinen Verstoß gegen die öffentliche Ordnung dar. – An den Marterpfahl gehören solche Richter, wenn ich mich nicht irre.

Unhappy End

Wir haben uns so gut amüsiert wie nie zuvor«, sagten zwei Omas in England, die von der Polizei nach dreijähriger Verfolgungsjagd geschnappt wurden. Die 76-jährige Winifred Bristow und ihre 74-jährige Schwester Joan waren im Mai 1992 mit einer Freundin zu einer Urlaubsreise aufgebrochen. »Die Freundin bestand darauf, alle Hotel- und Restaurantrechnungen zu bezahlen«, erzählt Joan. Allerdings blechte sie mit gefälschten Kreditkarten und gestohlenen Schecks. Das Damentrio entkam der Polizei mehrmals um Haaresbreite, weil es ständig die Luxusherbergen wechselte. Traurig meint Winifred: »Jetzt werden wir wieder zu unserem Strickzeug zurückkehren müssen.«

Relative Pathologie

Dr. Henry Abrams will die Augäpfel von Albert Einstein verkaufen. Er behauptet, er bewahre die Augen des großen Physikers in einem Marmeladeglas auf, seitdem er sie bei einer Untersuchung der Leiche im April 1955 mitgenommen habe. Das könne nicht sein, widerspricht ihm Dr. Thomas Harvey, der damals die Untersuchung des verstorbenen Einstein leitete. Abrams sei gar nicht dabei gewesen. Nur er, Harvey, habe sich etwas von der Leiche mitgenommen. In seiner Wohnung steht seitdem das Hirn von Einstein.

Auf Nummer sicher

Vor Gericht stand ein Arzt aus Wolfenbüttel. Er raubte regelmäßig seine Patienten aus, während er sie untersuchte. Der Arzt, der in seiner Praxis im Jahr mehr als anderthalb Millionen Mark umsetzt und mehrere Häuser besitzt, gab als Motiv an, er habe Angst, zu verarmen. Stehlen sei für ihn eine Therapie. Denn immer, wenn er klaue, überkomme ihn ein Gefühl der Genugtuung und der Sicherheit. Morgen ergeht das Urteil.

Tröstlicher Rückblick

Seitdem der englische Wissenschaftler Stephen Hawkins verlauten ließ, Reisen in die Vergangenheit könnten möglich sein, veröffentlicht die Londoner *Times* täglich Vorschläge ihrer Leser über den Sinn einer solchen Reise in die Zeit. Alan Bird aus Richmond schrieb: »Allem voran müsste Hitler schon während seiner Kindheit getötet werden.« Prompt antwortete Alan Wilkinson: »Die Beseitigung von Adam und Eva würde uns mehr Probleme ersparen.« Doch der Geistliche Anthony B. wollte stattdessen lieber die Schlange im Paradies umbringen. Da gab Lawrence Mills zu bedenken, niemand würde sich drum scheren, wenn Adam und Eva verschwänden, aber die Schlange würde sicher gerettet – vom Tierschutzverein.

Segen eines Amtes

Der V-Mann Steinmetz, der bei der Roten-Armee-Fraktion für den Verfassungsschutz spionierte, hatte ein Auto zurückgelassen, als er untertauchte. Mit dem Wagen sind seine Kumpels aus der Wohngemeinschaft monatelang rumgefahren, haben wie die Wilden geparkt und bekamen dauernd Knöllchen von der Polizei. Das hat die Fahrer überhaupt nicht gestört. Denn bezahlt hat die Strafzettel der Verfassungsschutz.

Verräterische Sprache

Wer ein exotisches Tier stiehlt, sollte darauf achten, dass es nicht sprechen kann. Diese Regel missachtete der 39-jährige Brite Eric Buckley, als er einen wertvollen Papagei klaute. Nachdem er erwischt wurde, gab er den Namen des Vogels als »Blue« an. Vor Gericht widersprach die eigentliche Besitzerin, Georgina Morgana, der Vogel heiße »Barney«. Und der Vogel, vom Richter befragt, gab ihr recht – mit einem überzeugend gekrächzten »Barney«.

Scheiden tut weh

Auf dem kurz geschorenen Rasen des Élysée-Palastes in Paris watschelt gelegentlich eine Schar wilder Enten. Als der scheidende Präsident François Mitterrand die Amtsgeschäfte seinem Nachfolger Jacques Chirac übergab und ihm dabei den Geheimcode für die Atomwaffen ins Ohr flüsterte, bat er das neue Staatsoberhaupt, die Enten mit dem grünen Hals nicht zu füttern, sie kämen allein zurecht. Der Abschied fiel nicht nur dem scheidenden Präsidenten schwer, sondern, so beobachtete Mitterrand, am letzten Morgen hatten auch die Enten feuchte Augen.

Es ist nie zu spät

Medizinische Versuche an Tieren sind sehr umstritten. Südkoreanische Forscher haben 2500 Mäuse und 500 Ratten als Versuchskaninchen verwendet. Die Tiere sind tot, jetzt haben die Forscher ein schlechtes Gewissen. Nun planen sie in ihrem Institut, um doch noch den Wert und die Würde des Lebens zu betonen, eine Gedenkfeier für die Seelen der getöteten Ratten und Mäuse.

Guten Appetit!

Eine im Hamburger Polizeipräsidium gesichtete Kakerlake sorgte heute für eine Schlagzeile. Fahnder des Rauschgiftdezernats, so druckte ein Boulevardblatt, ziehen – wenn sie heimkommen – ihre Schuhe vor der Haustür aus, um nicht Kakerlakeneier in ihr Privatleben einzuschleppen. Entrüstet beklagte sich Polizeisprecher Hartmut Kapp über die Veröffentlichung. Jetzt sei ein Geheimplan geplatzt, denn, so Knapp: »Die Kakerlake wurde als Undercover-Agent für den Einsatz in Restaurants ausgebildet.«

Einer von vierzig

Wie ein Gruselfilm liest sich die Statistik über das jeweilige Ende der Machthaber in Haiti. Seit der Unabhängigkeit des Landes vor 190 Jahren ergriffen vierzig Präsidenten die Macht. Davon flohen sechzehn. Sieben wurden gestürzt. Drei starben ganz normal an Alter oder Krankheit. Zwei dankten ab. Von weiteren zwei weiß man nichts über deren Ende. Und dann: Einer beging Selbstmord, ein anderer wurde erschossen. Einer hingerichtet, einer im Gefängnis ermordet, einer als Geisel genommen, und ein weiterer starb an einem Schlaganfall. Schließlich wurde ein Präsident in die Luft gesprengt, einer zerstückelt und noch einer vergiftet. Nur ein einziger von den vierzig wurde ordnungsgemäß pensioniert.

Vorsicht, Fußball!

Die Chinesen nehmen zwar an der Fußball-weltmeisterschaft nicht teil, dennoch begeistern sie sich für die Spiele. Das hat Chinas kommunistische Parteizeitung *Renmin Ribao* zu der Ermahnung veranlasst, die Fans mögen wegen der Nachbarn ihre Fernsehgeräte leise stellen und laute Torschreie vermeiden. Der zentrale Rat lautet: »Ihr müsst etwas Selbstkontrolle zeigen, eure Arbeit darf nicht beeinträchtigt werden. Ihr müsst euch insbesondere vor Unfällen hüten, die wegen Schlafmangel entstehen könnten.«

Schlechte Karten

Wenn Umberto Bossi, einer der Wahlsieger des italienischen Rechtsbündnisses, noch einen Beweis dafür gebraucht hatte, dass in Italien endlich wieder Recht und Ordnung eingeführt werden müssen, dann hat er ihn jetzt. Nach der Siegesfeier entdeckte Bossi, dass Unbekannte in der Nacht seine gepanzerte Limousine aus der Garage seines Chauffeurs gestohlen hatten. Aber auch in England haben Ordnungspolitiker schlechte Karten ...

... so hat der britische Innenminister Michael Howard sich wieder und wieder mit kernigen Sprüchen hervorgetan, dass man gegen Verbrecher endlich härter vorgehen müsse. Daraufhin haben die Verbrecher einen Zahn zugelegt und erst einmal den gepanzerten Dienstwagen des Ministers geklaut. Trotz Alarmanlage. Wenige Tage später wurde die Karosse wiedergefunden. Allerdings ohne Räder.

Enteignung abgelehnt

Seit Generationen besitzt die hochherrschaftliche Familie des Prinzen Philipp von Hanau einen Privatweg in Söcking bei Starnberg. Und den Weg wollte Prinz Philipp loswerden. Also bat er den Landrat von Starnberg, ihn zu enteignen. Der Landrat war damit einverstanden und wies die Stadt Starnberg an, für die Enteignung zu zahlen: Über 400 000 Mark sollte das kosten. Die Stadt wollte den Prinzen aber gar nicht enteignen, eilte vor den Kadi, und der entschied: Starnberg braucht den Prinzen nicht zu enteignen. Daraufhin hat sich der was anderes ausgedacht: Er will jetzt Kartoffeln auf dem Weg anpflanzen.

Wasserschutz

Das Thema Wasservergeudung durch leckende Toiletten ist ein ernsteres politisches Problem, als manch einer vermutet. Sogar der chinesische Staatspräsident Jiang Zemin kümmert sich jetzt darum. Er sagt ganz zornig: »Wenn ein Land Satelliten und Raketen in den Weltraum schicken kann, sollte es auch in der Lage sein, seine Toiletten abzudichten.« Denn wenn *eine* Toilette leckt, ist das nicht schlimm, aber bei einer Milliarde!

Zivile Lawine

Der Darmstädter Landrat Hans-Joachim Klein beklagt bürokratische Papierlawinen. Der Grund: Auf zehn Blatt Papier teilte die deutsche Botschaft in Bern dem Bonner Innenministerium mit, dass die »Schweizer Zivilstandsordnung« geändert worden sei. Daraus wurde eine Lawine von 200 000 Blatt. Denn das Bundesinnenministerium informierte 16 Landesinnenministerien, diese vermittelten ihre neue Kenntnis an 34 Regierungsbezirke, die über 402 Landkreise die Änderung der Schweizer Zivilstandsordnung an 14 934 Städte und Gemeinden weiterleiteten. Ganz umsonst sind 200 000 Blatt Papier, die 650 Ordner füllen, verschickt worden. Denn die deutschen Gemeinden können mit der Schweizer Zivilstandsordnung überhaupt nichts anfangen.

Eingesackt

Bei der Post weiß jeder Sack über Werte Bescheid, denn in der Allgemeinen Dienstanweisung steht: »Der Wertsack ist ein Beutel, der aufgrund seiner besonderen Verwendung im Postbeförderungsdienst nicht Wertbeutel, sondern Wertsack genannt wird, weil sein Inhalt aus mehreren Wertbeuteln besteht, die in dem Wertsack nicht verbeutelt, sondern versackt werden.«

Ungewöhnlich begabt

Im Landtag zu Wiesbaden stellten die Abgeordneten Schoppe und Kartmann eine kleine Anfrage. Sie wollten wissen: Wieso kann ein Schüler an einem hessischen Gymnasium versetzt werden, wenn a) der Schüler während des zweiten Halbjahres überhaupt nicht anwesend war, da wegen Wohnsitzwechsel abgemeldet; b) ihm im Pflichtunterricht viermal die Note »Ungenügend« erteilt wurde. Übrigens hat sich der Schüler in einem Fach gegenüber dem ersten Halbjahr trotz Abwesenheit sogar verbessert.

Im Wechsel der Moden

Manche Töchter haben es schwer mit den Vätern, aber manch ein Vater leidet auch unter seinem Sohn. So wollte der britische Richter Joan Wroath von der Isle of Wight seine verstaubte Perücke und altmodische Robe anlegen, um Recht zu sprechen, doch er fand sie nicht in dem Schrank, in dem er sie stets aufbewahrt. Gott sei Dank platzte der Gerichtstermin ohne sein Zutun. Am Abend kam der Sohn des Richters von einem Rockkonzert zurück. Er hatte sich ganz zünftig gekleidet, wie es sich für einen modernen Musiker gehört. Mit Robe und Perücke.

Vorbildliches Miteinander

Zum Weltnichtrauchertag sagte Ernst Brückner vom Verband der Zigarettenindustrie: Wir haben 364 Rauchertage, und da können wir gut mit leben.

Orientierungshilfe

Gesetzliche Regelungen wie die Frage, ob bzw. wann Mann oder Frau in einer Ehe abwaschen müssen, helfen uns, in der Welt besser zurechtzukommen. Auch manche amtliche Bestimmung von Begriffen führt zu einem besseren Verstehen aller Unwägbarkeiten dieser Welt. So vermittelt uns der staatliche Gesundheitsreport Nordrhein-Westfalen 1994 die lebenswichtige Erkenntnis: »Der Tod ist ein finales Ereignis und begrenzt die Lebensdauer.«

Rache schmeckt süß

370 Mücken wurden in Finnland während der Endausscheidung bei der Weltmeisterschaft im Mückentöten ums Leben gebracht. 21 davon hat allein Harri Pellonpaa in nur fünf Minuten erschlagen. Er wurde neuer Weltmeister im Mückentöten und brach den bisherigen Weltrekord. Die 370 toten Mücken wurden an die Fische in einem nahe gelegenen See verfüttert. Weltmeister Harri Pellonpaa gewann neben einem Silberpokal ein Wochenende zu zweit in einem Ferienort in Lappland – an einem See voller Mücken.

Grau oder grün?

Falls Sie blond oder grauhaarig sind, dann sollten Sie, meine Damen und Herren, beim Schwimmen in einem Freibad eine Kappe aufsetzen, sonst haben Sie nach dem Auftauchen plötzlich grüne Haare. Von dieser Gefahr berichtet die Zeitschrift *Ärztliche Praxis*. Sie drohe besonders jenen, die ihr Haar durch viel Sonne, häufiges Fönen oder Bleichen strapazieren. Denn die Bademeister kippen kupferhaltige Flüssigkeiten ins Wasser, um Algenwuchs zu verhindern. »Grüne Haare«, beruhigt die Ärztezeitung, sind »an sich harmlos«.

Schweres Geschäft

Als Panzerknacker in Potsdam einen Geldautomaten stehlen wollten, verwechselten sie ihn mit dem Drucker für Kontoauszüge. Der blieb auch noch in der aufgebrochenen Tür stecken. Die Räuber rannten vor Schreck schnell weg und ließen ihren Laster zurück. Der war allerdings auch nur geklaut.

Klein, aber oho

Roboter-Fische sind alle gleich stark, solange die Batterie voll ist. Doch das wirkliche Leben ist spannender, wie das Magazin *Geo* offenbart. Es berichtet von kleinen und schwachen männlichen Tieren, die bekanntlich nach den Gesetzen der Natur wenig Glück bei der Partnersuche haben. Da gibt es nun gewitzte Tintenfische. Bei denen tarnen sich kleine Männchen als Weibchen und schleichen sich so an kräftige Männchen heran, die schon ein Weibchen erobert haben. Wenn diese kräftigen Männchen dann gegen einen starken Herausforderer kämpfen, nutzen die getarnten Schwächlinge die Gunst der Stunde und brennen mit den Weibchen durch.

Was Männern guttut

Frauen werden laut Statistik älter als Männer. Und nun hat der Berliner Soziologe Professor Walter Hollstein herausgefunden, woran es liegt: Mannsein ist hoch riskant und ungesund. Denn immer noch gilt die Regel: Je weniger ein Mann schläft, je mehr Schmerzen er aushält, je mehr Alkohol er verträgt, je mehr er seine Gefühle kontrollieren kann, desto männlicher ist der Mann. Deshalb sind zwei Drittel aller Notfallpatienten Männer. Besser wird es den Männern gehen, so der Professor, wenn sie sich mehr um die Kinder kümmern und im Haushalt mithelfen.

Dein Freund und Helfer

Wer sich im Verkehr bewegt, lebt gefährlich. In Oldenburg hielt ein Polizist eine 65-jährige Frau fest, weil sie im Fußgängerbereich Rad gefahren war. Zehn Mark Strafe! Die Frau fing laut an zu klagen. Sie sei alt und habe kein Geld. Eine Menge Menschen kam zusammen. Ein Passant drückte der Frau fünf Mark in die Hand, ein anderer schloss sich der Spendenaktion an. Schließlich hatte die Frau 65 Mark eingenommen und zahlte davon zehn Mark Verwarnungsgeld. Dann schob sie ihr Rad davon und rief dem Polizisten zu: »Wann treffen wir uns wieder?!«

Blitzaffäre

Andere Länder, andere Sitten: In Italien fuhr ein Senator zu schnell mit seinem Auto und wurde von der Polizei geblitzt. Der Strafzettel mit dem Foto kam zu Hause an, seine Frau machte den Brief auf und sah neben dem Senator dessen Geliebte. So flog die Affäre auf. Da das inzwischen mehreren Senatoren passierte, hat der rechtsgerichtete Senator Antonio Russo jetzt eine Gesetzesänderung beantragt. Fotos sollen nicht mehr mit dem Strafzettel verschickt werden. Stattdessen könnten Autofahrer, die geblitzt werden, sich den Schnappschuss bei der Polizei abholen.

Ehrenwort

Eine Frankfurterin erhielt einen Strafzettel wegen einer kleinen Ordnungswidrigkeit. Sie gab daraufhin gegenüber dem Ordnungsamt an, nicht sie selbst habe ihren Wagen gefahren, sondern eine ehrenwerte Freundin habe ihn ausgeliehen und die Verkehrssünde begangen. Aber sie habe, wie das ja jetzt auch in der Politik üblich sei, ihr Ehrenwort gegeben, die Freundin nicht zu verpetzen. Das Ordnungsamt ließ sich nicht einmal durch den Hinweis erweichen, die befreundete Sünderin habe sich bereits vielfältig um das Vaterland verdient gemacht. Die Autobesitzerin musste zahlen.

Gutenachtgeschichten

Es gibt Politiker, die wollen im echten Leben keine Vorlage sein. Deshalb hat das russische Parlament mit überwältigender Mehrheit Direktübertragungen aus Vollversammlungen verboten. In der letzten Zeit waren Abgeordnete zu häufig gezeigt worden – während sie in ihren Sitzen schliefen.

Knöllchen pauschal

Wer einen Strafzettel erhält, dem fallen die dollsten Ausreden ein, erklärte heute Axel Hirschfeld, Leiter der Bußgeldabteilung in Magdeburg. Die meisten Entschuldigungen beginnen mit den Worten: »Ich hab nur kurz ...« Hirschfeld sagt: Ältere Leute seien wesentlich uneinsichtiger, wenn sie erwischt werden. Allerdings habe ein alter Mann gefragt, ob er jährlich einen Pauschalbetrag zahlen könne, damit er nicht für jeden Strafzettel einzeln zur Bank gehen muss.

Telefonieren macht durstig

Falls Sie, meine Damen und Herren, jetzt noch Lust auf ein Gläschen Wein haben, Ihr Ehepartner Ihnen jedoch vorwirft, Sie würden zu viel trinken, dann sagen Sie einfach, Ihr Alkoholdurst käme vom Telefonieren mit dem Handy. Denn eine Studie der Universität von Washington behauptet, von Handys gingen Strahlen aus, die über den Gehörgang einen chemischen Stoff im Gehirn erzeugten, der dem Morphin ähnelt. Und dadurch würde ein Gefühl der Abhängigkeit erzeugt, das wiederum die Lust auf Alkohol weckt.

Streng verboten

Ein Redakteur des Magazins *Focus* hat sich die Mühe gemacht, die Regelwut im Land der unbegrenzten Möglichkeiten zu durchforsten. Und raus kam Folgendes: In Denver, Colorado, ist es verboten, seinen Staubsauger an die Nachbarn auszuleihen. In Gary, Indiana, steht es unter Strafe, innerhalb von vier Stunden nach dem Verzehr von Knoblauch ins Theater zu gehen. Und in dem Ort Coeur d'Alene im Bundesstaat Idaho ist es verboten, sich im Auto zu lieben. Aber Polizisten, die ein Pärchen auf frischer Tat ertappen, müssen vor der Festnahme hupen und dann drei Minuten warten.

Was Frauen und Männer so ...

Selbst wissenschaftlich wird der Kampf der Geschlechter geführt. In der amerikanischen Stadt Baltimore veröffentlichten heute Hirnforscher, was sie über die Unterschiede zwischen dem Hirn eines Mannes und dem einer Frau herausgefunden haben. Tatsächlich werden Männer mit einem größeren Hirnlappen geboren als Frauen. Das aber nicht, weil sie schlauer sind, sondern, so fand Ruben Gur von der Universität Pennsylvania heraus, im Lauf der Zeit verlieren Männer ihre Hirnzellen schneller als Frauen.

... *im Kopf haben*

Vor einiger Zeit hat eine Ihnen allen bekannte Boulevardzeitung geschrieben, Frauen hätten ein kleineres Gehirn als Männer. Meine Damen: Die Wissenschaft beweist – das macht nichts. Die Universität Cambridge hat festgestellt, dass Männer schon ab dem 20. Lebensjahr ihr Erinnerungsvermögen verlieren. Frauen bleiben dagegen bis zur Lebensmitte geistig topfit. Auch wenn Männer und Frauen an gar nichts denken, schneidet die Weiblichkeit besser ab. Das wiederum fand die Universität von Pennsylvania heraus. Männer und Frauen wurden gebeten, dreißig Minuten an gar nichts zu denken. Hinterher wurden ihre Gehirnströme gemessen. Bei Frauen waren besonders die zivilisierten Hirnfunktionen aktiv, die Stimmung, Gefühl und Kommunikation regeln. Bei Männern dagegen meldete sich nur das »Reptilhirn«. Das ist zuständig für Prügeln, Fressen und Sex.

Gurkennorm

Die Lebensmittelaufsicht in Helsingborg hat den schwedischen Gärtner Dannevik Nygaard aufgefordert, 80 Kisten mit Gurken zu vernichten. Seit 1954 züchtet die Familie Nygaard Gurken. Aber jetzt ist aufgefallen, dass die nicht den Normen der Europäischen Union entsprechen. Nygaards Gurken sind nicht krumm genug. Die europäische Regelung schreibt aber vor, dass eine Gurke nur dann eine echte Gurke ist, wenn sie sich auf zehn Zentimeter Länge mindestens um zwei Zentimeter krümmt.

Ehrensache

Es geht doch ein Ruck durch Deutschland. Und zwar fängt er bei den Friesen auf der Insel Amrum an. Dort haben die Gemeindevertreter bisher ehrenamtlich getagt. Jetzt schreibt ihnen der Innenminister von Schleswig-Holstein vor, sie müssten sich angemessene Bezüge auszahlen. Das wollten sie nicht. Das bestimmt aber ein Landesgesetz. Also beschlossen die listigen Friesen ein Sitzungsgeld von einem Pfennig. Daraufhin der verschwenderische Innenminister: Das sei nicht angemessen. Fünfundvierzig Mark pro Sitzung solle jeder aus der Kasse nehmen. Die furchtlosen Friesen blieben stur bei einem Pfennig. Sonst müsse das Verwaltungsgericht entscheiden. Da gab der Innenminister nach. Warum nur einen Pfennig? Weil die Gemeindekasse Pfennigbeträge nicht auszahlt.

Familienbetrieb

Als Vater Schmidtke erfuhr, dass ein Kleintierzüchter Futter oder Streu von der Steuer absetzen kann, hat er seine drei Kinder beim Finanzamt als Gewerbebetrieb »Schmidtke Gesellschaft bürgerlichen Rechts« angemeldet. Möhrenbrei und Windeln gelten jetzt als Betriebsausgaben. Da er in die Zukunft investiert, macht er zwanzig Jahre lang nur steuerlich absetzbare Verluste. Die Gewinnzone sei erst erreicht, sobald die Kinder Schmidtke Steuern und Beiträge zur Sozialversicherung zahlen. Von der Berufsgenossenschaft nach der Arbeitszeit gefragt, haben Vater und Mutter Schmidtke angegeben: rund um die Uhr.

Wer sagt's denn!

Vielleicht werden die Spanier wieder häufiger in ihre Kneipen gehen, wenn sie von der Untersuchung hören, die heute in London veröffentlicht wurde. Danach haben regelmäßige Kneipenbesucher, die arbeitslos sind, eine größere Chance, wieder einen Job zu finden. Denn wer öfter einen trinken gehe, der sei kontaktfreudiger und höre in der Kneipe von mehr offenen Stellen als beim Arbeitsamt.

Klassischer Muntermacher

Weshalb sollte Musik nur auf Menschen wirken und nicht auch auf Kühe? Diese Frage wurde jetzt wissenschaftlich untersucht, und das Ergebnis lautet, so berichtet heute der Westfälisch-Lippische Landwirtschaftsverband in Münster, Rockmusik stimmt Wiederkäuer lustlos, bei Rhythmen der Rockgruppe *Kiss* werden sie sogar sauer und geben weniger Milch. Munter macht die klugen Kühe erst wieder klassische Musik von Wolfgang Amadeus Mozart.

» B «

In Bayern gilt Bier als Nahrungsmittel und ist auf Speisekarten häufig unter den nicht alkoholischen Getränken verzeichnet. Die deutsche Braukunst hat überall in der Welt Erfolg gezeitigt, und so sind die Chinesen inzwischen auf Platz zwei der Bierproduzenten dieser Erde. Aber mit den Bierflaschen kommen sie nicht so recht zurande. Denn die explodieren immer wieder. Deshalb ist heute eine chinesische Bierflaschenverordnung erlassen worden, die vorschreibt, wie dick Bierflaschen in Zukunft sein müssen, um dem Innendruck standzuhalten. Und damit man Bier nicht mit Sojasoße oder Essig verwechselt, wird von nun an auf Bierflaschen ein großes *B* gedruckt.

Nützliches

Meckerer behaupten, die Deutschen hätten keine Phantasie und würden viel zu wenig erfinden, um wirtschaftlich an der Weltspitze mitzuhalten. Da haben sie aber nicht mit der Deutschen Montan Technologie gerechnet. Die macht weltweit Geschäfte mit perfekt nachgemachtem Haushaltsstaub. Der Staub wird aus Kokosfasern hergestellt und ist von stets gleichbleibender Qualität. Da ihm die in normalem Staub allgegenwärtigen Schimmelpilze und Bakterien fehlen, ist das Produkt gesundheitlich unbedenklich. Das Kilo deutschen Haushaltsstaubs kostet 260 Mark und wird bis nach Korea und Japan exportiert.

Wolkenbruch

Allerweltsname

Der große Schriftsteller Thomas Mann meinte vor achtzig Jahren, als Kind habe er die deutsche Obrigkeit wahrgenommen als General Dr. von Staat. Heute wird die Republik verkörpert vom Amtmann Staat, der Ärmelschoner trägt. Das zeigt sich an dem Fall, den eine junge Frau durchleiden musste. Sie hatte für ihren Sohn einen in aller Welt geläufigen Namen ausgesucht. Aber den erlaubte ihr der Amtmann im Standesamt nicht – und das Amtsgericht stimmte dem Amtmann zu. Heute, drei Tage vor Heiligabend, gab das Oberlandesgericht in Frankfurt der Frau recht. Der Name ihres Sohnes sei weltweit gebräuchlich und damit auch in deutschen Amtsstuben genehm. Der Name, den sie ausgesucht hatte, lautet: Jesus.

Tierisch vornehm

Nur wer seine Kunden gut behandelt, wird mit einem Fünf-Sterne-Hotel Erfolg haben. Daran hat Achmed el Schebiney nicht gedacht, als er heute in Mohandessin, einem vornehmen Stadtteil von Kairo, ein Fünf-Sterne-Hotel für Tiere einweihte. Pferde, Katzen, Hunde und sonstige Vierbeiner haben die Wahl zwischen einem einfachen Zimmer und einer Suite. Das Hotel verfügt über eine Tierklinik, ein Medizinlabor und einen Supermarkt. Zur Eröffnung des Hotels erschienen Herrchen und Frauchen, aber keine Tierkunden. Die waren verschreckt worden, weil in der Einladung stand, zur Feier des Tages werde der erste Kunde geschlachtet: ein Kalb.

Gesund leben

Ein Motto dieser Zeit lautet: Was gesund ist, darf man tun. Wer gern roten Bordeaux-Wein trinkt, und vielleicht sogar mal ein Gläschen mehr als üblich, der kann sich damit rausreden, dass Ärzte festgestellt haben: Roter Bordeaux schützt vorm Herzinfarkt. Wer zum Rotwein dann noch einen Käse isst, für den hat heute die britische Universität Newcastle auch eine frohe Botschaft zu verkünden. Käse zu essen sei gesund für die Zähne. Er schütze den Zahnschmelz. Warum das so ist, weiß man noch nicht, sagt Judy Buttriss, die wissenschaftliche Direktorin an der Universität, denn Käse sei eine »sehr komplexe Substanz«.

Erfolgversprechende Geschäftsbedingungen

Der Spruch »Geld stinkt nicht« kommt vom römischen Kaiser Vespasian, der eine Toilettensteuer eingeführt hatte. Ähnlich denken auch die Stadtväter der australischen Stadt Maroochy. Sie werben mit einem drei Millionen Mark teuren Toilettengebäude, um Touristen an ihre Sonnenscheinküste zu locken. Die Bürger von Maroochy behaupten, das mit Blick aufs Meer im Art-déco-Stil gebaute Gebäude habe die weltweit schönste Aussicht aller Toiletten und das Örtchen habe sich deshalb zu einem beliebten Treffpunkt entwickelt.

Kurzzeitige Lossprechung

Die Deutsche Presseagentur meldet, der Turiner Erzbischof, Kardinal Giovanni Saldarini, habe für die Zeit der Ausstellung des Grabtuches Christi ein kirchliches Dekret erlassen, nach dem Abtreibung durch Beichte gesühnt werden kann. Die Beichte muss jedoch während der Dauer der Ausstellung und in Turin selbst erfolgen.

Irres Alpenglühen

Der Wiener Maler Rudi Holdhaus und der Goldschmied Sepp Pulferer aus Kärnten haben eine irre Idee. Die droht aber zu scheitern. Denn um diese irre Idee auszuführen, benötigen sie eine Genehmigung. Und die fehlt. Holdhaus und Pulferer wollen mit zwanzig Kilogramm Blattgold die 1600 Quadratmeter große Spitze des fast 4000 Meter hohen Großglockners vergolden. Die würde dann schön in der Abendsonne glühen. Aber der Österreichische Alpenverein, dem das ganze Gebirge gehört, ziert sich. Weil aber Holdhaus und Pulferer von ihrer irren Idee so begeistert sind, drohen sie auszuwandern. Denn – es gäbe Interessenten in anderen Ländern.

Wurstentzug

In Weimar geht's um die Wurscht. Kulturstadtdirektor Bernd Kauffmann hat das Grillen von Thüringer Rostbratwürsten an den Kulturspielstätten verboten. Weil das nämlich entsetzlich qualmt – und der Geruch den Kunstgenuss beeinträchtigt. Aber auf den Genuss von Würsten will Oberbürgermeister Volkhardt Germer nicht verzichten. Er meint, von Kultur allein könne man nicht leben. Doch Kulturchef Kauffmann widersprach der Annahme, der Thüringer verwandle sich schon nach wenigen Minuten Bratwurstentzug in ein »schrumpliges Brötchen«, und sagte: »Die Härte des Daseins kann es mit sich bringen, sogar mehrere Stunden ohne Bratwurstgenuss aushalten zu müssen.« Kauffmann verkündete, er werde Entzugszonen einrichten und mit Livemusik von den schlimmsten Mangelfolgen ablenken.

Wechselnde Vergnügungen

In vielen französischen Filmen der dreißiger, vierziger und fünfziger Jahre hat Jean Marais den Liebhaber schöner Frauen gespielt, doch sein Leben wurde bestimmt von der Beziehung zu dem fünfundzwanzig Jahre älteren Dichter, Regisseur und Rundum-Künstler Jean Cocteau. Cocteau formte den Schauspieler Marais geistig und öffnete seine Begabung auch den bildenden Künsten. Vor zwei Jahren stand Marais in Paris noch auf der Bühne, und er hörte bis zu seinem Ende nie auf zu malen. Er ist im Alter von 84 Jahren in Südfrankreich gestorben. »Ich arbeite nie«, sagte Jean Marais über seine vielen Beschäftigungen als Künstler: »Ich wechsele nur die Vergnügungen wie Kinder.«

Zopf ab

Tradition kann eine wahre Last sein. Und weil er sich buchstäblich erdrückt fühlt, hat der britische Justizminister – Lord Irvine – das Parlament gebeten, ihn von der Tradition zu entbinden, die ihn zwingt, in einem altmodischen Umhang und mit einer muffigen weißen Perücke aufzutreten. Wenn er Sitzungen des Oberhauses leite, so klagt der Justizminister, müsse er bis zu vierzehn Stunden lang unter der falschen Haartracht und dem schweren Ornat leiden. Man könne diese Tradition ohne Schaden abschaffen, da sich erwiesen habe, dass die Qualität der Rechtsprechung in Großbritannien in keiner Weise von der Kleidung des Justizministers abhänge.

Gewichtige Gründe

Bei der Rentendiskussion lohnt sich der Blick ins Ausland. So zahlt es sich im israelischen Staatsdienst in barer Münze aus, während der Arbeitszeit dick zu werden. Frühpensionierte Beamte erhalten eine erhöhte Rente, wenn sich ihr Gesundheitszustand wegen Gewichtszunahme im Amt verschlechtert. Auch Lehrer, Krankenhausangestellte und andere Mitarbeiter des öffentlichen Dienstes, die schon bei ihrer Einstellung zu viel wiegen, können von dieser Regelung des Gesundheitsministeriums profitieren – wenn sie am Ende ihrer Amtszeit mehr wiegen als bei der Einstellung. Die Rente wird dann nach der Zahl der zusätzlichen Kilo bestimmt.

Hochprozentiges

An diesem Wochenende war großes Volksfest in einem Küstendorf auf der Schwarzmeer-Halbinsel Krim. Denn dort sind hundert Fässer angeschwemmt worden mit der deutschen Aufschrift »Etyhlalkohol von Mauser«. Die Ukrainer haben den Fund mit Schubkarren und Traktoren abtransportiert und zum Teil ausgetrunken. Als die Polizei davon erfuhr, versuchte sie, das Dorfbesäufnis zu verhindern, doch vergeblich. Sie konnte nur noch die Hälfte der 200-Liter-Fässer sicherstellen. Herbeigerufene Ärzte stellten fest, dass der hochprozentige »Ethylalkohol« aus Deutschland von guter Qualität gewesen sein müsse, da bislang keiner der Trinker gestorben ist.

Alter Keks

Im Londoner Auktionshaus Christie's hat ein Brite bewiesen, dass er Sinn für die Werte der Nation hat. Er ersteigerte für mehr als 11 000 Mark den letzten Keks, den der britische Polarforscher Robert Scott in der Antarktis hinterließ. Scott starb 1912 bei einer Expedition zum Südpol in einem Schneesturm. Der neue Besitzer des Kekses ist der Abenteurer Sir Ranulph Fiennes, der als Erster die Erde von Pol zu Pol umrundete. Zu dem wertvollen Keks sagte er: »Ich habe ihn gekauft, damit er im Lande bleibt.«

Teure Sparmaßnahmen

Es muss nicht immer an den Ärzten liegen, wenn das Gesundheitssystem teuer ist. Der 43-jährige Landarzt Roland Leitgeb macht in dem kleinen Dorf Unterhohenried seinem Patienten Emil H. alle zehn Tage Quarkwickel gegen schmerzende Knie. Das Verbandszeug berechnet er der Pflegeversicherung. Als der Landarzt wieder einmal bei Emil vorbeischaute, hatte der hohen Besuch. Der Chef der AOK-Pflegekasse war aus dem dreißig Kilometer entfernten Schweinfurt nebst einer Pflegekraft medizinischen Dienstes und der Chefin des örtlichen Caritas-Pflegedienstes vorbeigekommen, um zu prüfen, ob die verordneten Verbände wirklich nötig waren. Der AOK-Chef meinte nämlich: Verbände braucht man nur bei offenen Wunden.

Der Leib Christi (mal anders)

In Turin haben heute zwei Geistliche eine Pizzeria eröffnet, die mit Madonnenstatuen und Heiligenbildern ausgeschmückt ist. Die Priester Gabriel Negre und Luigi Faustinelle werden selbst bedienen, um mit dem Publikum in Kontakt zu treten. Sie hoffen, damit Jugendliche der Kirche näherzubringen. Eines der angebotenen Gerichte heißt »Pizza vier Apostel«.

Kennmarke für Touristen

Von der Ordnungsliebe deutscher Reiseveranstalter: Stellen Sie sich vor, meine Damen und Herren, Sie buchen eine Pauschalreise in die Dominikanische Republik. Dort wird Ihnen ein Plastikarmband mit einer Nummer und dem Namen Ihres Hotels angeknipst. Und das lässt sich nicht mehr abmachen, weder beim Schwimmen noch beim Waschen oder gar beim Schlafen. Warum? Damit man weiß, dass Sie Vollpension bezahlt haben. So ist es geschehen, und verärgerte Urlauber, die die Bänder abschnitten, bekamen nichts mehr zu essen und zu trinken. Jetzt verurteilte das Landgericht Frankfurt den Reiseveranstalter zu Schadenersatz, weil er versäumt hatte, im Prospekt auf die Nummernbänder hinzuweisen.

Nicht vergessen!

Das Arbeitsgericht in Frankfurt hatte heute ein kniffliges Problem zu lösen. Ein Arbeitnehmer hatte nach einem Streit mit seinem Chef dessen Büro verlassen und vor der Tür laut »Arschloch« gesagt. Das hörten mehrere Mitarbeiter im Vorzimmer. Und schon flog er raus. Aber ist dies nun ein Kündigungsgrund oder nicht? Der Richter meinte, im vertraulichen Kollegenkreis könne man den Chef ruhig beschimpfen. Aber laut in dessen Vorzimmer darf man es nicht. Also: Die Kündigung gilt.

Der Mann für Frauenfragen

In der Türkei ist die Staatsministerin für Frauenfragen von ihrem Amt zurückgetreten. Und zwar aus Protest gegen die Islamisierungspolitik von Ministerpräsident Necmettin Erbakan. Der ernannte daraufhin einen Mann zum Staatsminister für Frauenfragen. Und der ist mit zwei Frauen verheiratet. Einmal nach türkischem Recht und einmal nach islamischem Recht. Nach türkischem Recht darf er nur eine Frau haben, nach islamischem vier.

Tierliebe Gourmets

Naturfreunde werfen der Muschelindustrie Tierquälerei vor. Denn Austern würden lebend geschluckt und erst durch die Magensäure getötet. Nun haben Forscher in Italien festgestellt, dass Feinschmecker vor dem Verschlucken Zitrone auf die Auster träufeln. Und durch die Säure wird die Muschel gestresst, sodass sie chemische Stoffe ausstößt, und diese Stoffe versetzen sie in einen schmerzfreien Rauschzustand. Deshalb, so die Wissenschaft, sei das Schlürfen einer noch zuckenden Auster NICHT tierfeindlich.

Steuergesetz

Der Bundesfinanzhof hat die Frage geklärt, ob die Zeugung einer Kuh von der Steuer abgesetzt werden kann. Eine Kuh ist im Sinn der Steuergesetze ein »abnutzbares bewegliches Wirtschaftsgut«, wodurch ihre »Herstellung« tatsächlich steuerbegünstigt sein kann. Die Höhe der steuerlichen Begünstigung richtet sich nach den Herstellungskosten. Das könnten die Kosten für die Besamung sein. Aber nein. Denn nach Ansicht des Bundesministers der Finanzen ist bei Tieren nicht die Zeugung, sondern erst die Geburt der Herstellungsbeginn. Und bei der Kuh ist es noch komplizierter: Geboren wird ja nur ein Kalb. Und aus diesem Kalb wird erst eine Kuh. Deshalb kann eine Besamung steuerlich nicht geltend gemacht werden.

Entscheidende Zwischenrufe

Bei den heftigen Diskussionen um die Besetzung des Chefpostens bei der Europäischen Zentralbank sorgten deutsche Diplomaten für Verwirrung bei anderen europäischen Gipfelteilnehmern. Sie riefen dem Kanzler laut zu: »Vier zu null!« Die anderen Gipfelteilnehmer glaubten, es handle sich um Vorschläge zur Festlegung möglicher Wechselkursverhältnisse. Aber es war nur das Ergebnis im Spiel Kaiserslautern gegen Wolfsburg.

Das längste Gesetz der Welt

Vom Ungarischen sagt man ja, es sei eine schwierige Sprache. Aber nichts gegen das Deutsche, das ja so allerhand erlaubt. Als ein wahrer Wortakrobat versuchte der Landwirtschaftsminister Till Backhaus in Schwerin, die Dichter bei der Buchmesse zu übertreffen. Vor dem mecklenburgischen Landtag hat er das »Rinderkennzeichnungs- und Rindfleischetikettierungsüberwachungsaufgabenübertragungsgesetz« eingebracht: Mit 86 Buchstaben ist es das längste Gesetz der Welt, das dem Verbraucher ermöglichen soll, den Weg eines Rindviehs von der Geburt bis an die Fleischtheke nachzuvollziehen.

Feldforschung

Mit Liebe werden die Lehrlinge bei Hoechst und VW gefördert. Neun junge Leute haben diese Woche freibekommen, um sich weiterzubilden. Sie veranstalten ein Seminar über das Thema: »Berliner Jugendszene zwischen Beliebigkeit und politischer Positionsbestimmung«. Als Fallstudie diente ihnen heute die Loveparade in Berlin, an der sie deshalb mit finanzieller Unterstützung der Bundeszentrale für politische Bildung und des Deutschen Gewerkschaftsbundes teilnehmen mussten. Einen der jugendlichen Szeneforscher interessierte – nach eigenen Angaben – besonders die Vielfalt der BHs, die die Mädchen tragen.

Effektive Maßnahme

Die Stadt Fritzlar verlangt für die Haltung eines Kampfhundes eine erhöhte Hundesteuer von 1200 Mark pro Jahr. Diese Steuer gilt für alle Arten von Kampfhunden wie auch für bissige oder zu Angriffsverhalten abgerichtete Hunde. Seit Erlass der neuen Hundesteuer Anfang des Jahres hat sich die Zahl der Kampfhunde in Fritzlar halbiert.

Fabula docet

Nun ist der Sommer endlich da. Aber wissen Sie, meine Damen und Herren, woher der Spruch kommt: Eine Schwalbe macht noch keinen Sommer? Vor 2600 Jahren schrieb der griechische Fabeldichter Äsop von einem verschwenderischen Jüngling, der im Frühling eine Schwalbe sah und meinte, der Sommer käme, und damit die Wärme. Er verkaufte seinen Mantel. Doch als noch einmal kalte Tage kamen und die erste Schwalbe sogar erfror, fühlte sich der Jüngling von ihr betrogen. Aber er hat die Lehre aus der Fabel gelernt. Eine Schwalbe macht eben noch keinen Sommer.

In die Röhre geguckt

Eines der schönsten Länder der Welt liegt im Osten des Himalayagebirges und heißt Buthan. Dort herrscht ein König mit dem klangvollen Namen Jigme Singye Wangchuk. Er ist mit vier Schwestern verheiratet und feiert heute sein 25-jähriges Thronjubiläum. Aus diesem Anlass hob er das vor zehn Jahren erlassene Verbot fernzusehen auf. Allerdings werden nur wenige der zwei Millionen Buthanesen in die Ferne glotzen können, da Satellitenschüsseln verboten bleiben. Und ein eigenes Programm wird nur in der Nähe der Hauptstadt Thimpu ausgestrahlt werden. Heute sah das Programm die Übertragung der Jubiläumsfeierlichkeiten vor.

Zu couragiert

Zivilcourage ist eine Tugend. Aber belohnt wird man nicht immer dafür. Der Beamte Paul van Buitenen, der durch die Aufdeckung korrupter Machenschaften den segensreichen Rücktritt der Europäischen Kommission auslöste, bewarb sich um eine Beschäftigung in der neugeschaffenen Abteilung, die Bestechung und Vetternwirtschaft innerhalb der Europäischen Kommission verhindern soll. Aber der Fachmann für Korruption wurde nicht genommen, sondern in eine Abteilung versetzt, in der er zuständig ist für den Einkauf von Farbe, Lampenschirmen und für die Zählung von Glühbirnen.

Schutz vor Arbeit

Der Mensch muss geschützt werden vor allerhand Unbill, auch davor, zu viel zu arbeiten. Das besorgen staatliche Ämter für Arbeitsschutz. Deren bürokratische Anforderungen sorgen allerdings für Mehrarbeit. So will die Firma Böker-Baumwerk aus Solingen am Sonntag in vierzehn Tagen drei Mitarbeiter zu einer Messe nach Bielefeld schicken. Dafür muss das für Solingen zuständige Amt für Arbeitsschutz in Wuppertal eine Ausnahmegenehmigung erteilen. Voraussetzung dafür ist die Vorlage einer weiteren Ausnahmegenehmigung – erteilt vom Staatlichen Amt für Arbeitsschutz in Paderborn, das für die Messe in Bielefeld zuständig ist. Die Ausnahmegenehmigung des Amtes Wuppertal wurde schließlich mit der Auflage erteilt, ein Verzeichnis anzulegen, in welches die Namen der Beschäftigten, ihre Tätigkeit und Arbeitszeiten einzutragen sind. Dieses Verzeichnis ist mindestens zwei Jahre aufzubewahren.

Sprachgeschichtliches

Meine Damen und Herren, Sie kennen sicherlich den Begriff »etwas türken« – oder »einen Türken bauen«. Also: etwas wird vorgetäuscht. Entstanden ist die Redewendung 1895, als Kaiser Wilhelm II. den Nord-Ostsee-Kanal einweihte. An den Festlichkeiten nahmen Staatsgäste aus ganz Europa teil, und immer wenn ein Boot mit einem ausländischen Würdenträger vorfuhr, spielte die Marinekapelle die entsprechende Nationalhymne. Als plötzlich ein Boot mit der roten türkischen Halbmondflagge anrauschte, stellte der Kapellmeister fest, dass die Noten der türkischen Nationalhymne fehlten. Als dann die türkischen Seeoffiziere mit Fez und Orden das Fallreep hinaufstiegen, spielte die Kapelle kurz entschlossen: »Guter Mond, du gehst so stille durch die Abendwolken hin.«

Reise ins Ausland

Nicht alle haben Toleranz gelernt. Woran liegt es eigentlich, dass Deutsche sich nur unter Deutschen wohlfühlen, wenn überhaupt …? Ein deutsches Urlauberpaar hat letztens eine Reise nach Sri Lanka gebucht, nach der Rückkehr jedoch eine Klage gegen das Reisebüro eingereicht, um die Hälfte des Preises zurückzuerhalten. Das Paar fühlte sich belästigt, weil neben seinem Hotel in Sri Lanka Einheimische lebten. Der deutsche Amtsrichter entschied jedoch, Lebensäußerungen von Einheimischen seien kein Reisemangel.

Lechts und rinks

Linkshänder heißen Linkshänder, weil sie mit der linken Hand geschickter sind als mit der rechten. Nun sind die meisten Komponisten dieser Welt Rechtshänder, und das schafft dem linkshändigen Konzertpianisten Christopher Seed Probleme. Denn Mozart oder Chopin haben beim Klavierspiel der rechten Hand besonders schwierige Melodien zugeordnet. Die könnte Seed aber mit der Linken besser spielen. Deshalb ließ er sich ein Klavier für Linkshänder bauen: Die Tasten und die Pedalen sind spiegelverkehrt angebracht. Der Ton bleibt der gleiche – solange kein Rechtshänder spielt.

Kapitalbildung

Der Empfangschef eines großen Pariser Luxushotels ist heute in der Bretagne verhaftet worden. Dort hatte er zu Beginn der Urlaubszeit ein Haus für umgerechnet sechshunderttausend Mark gekauft. Sein Reichtum stammte aus dem Verkauf von Eintrittskarten für die Fußball-Weltmeisterschaft. Als seine Kunden allerdings die teuren Karten abholen wollten, war der Empfangschef schon abgereist – und hatte sich zur Ruhe gesetzt.

Queen is calling

Handybesitzer, die häufig fliegen, wissen – vor dem Start müssen sie das Gerät ausschalten. Als der britische Premierminister Tony Blair in seinem Staatsflugzeug saß, klingelte das Handy kurz vor dem Start. Der Pilot sagte streng: »Regeln sind Regeln, Kumpel. Es ist mir völlig gleich, wer dran ist. Schalten Sie aus.« Der Premierminister gehorchte – schweren Herzens. Denn wer war dran gewesen? Die Queen.

Hokuspokus

Ganz surrealistisch klingt, was heute aus Rumänien gemeldet wird. Dort hat der Bürgermeister der Gemeinde Ripiceni die Putzfrau des Rathauses wegen Hexerei entlassen. Angeblich hat sie mit allerlei Zauberformeln versucht, ihren Arbeitgeber zu verwünschen. Vorsorglich beschlagnahmten die Behörden daraufhin den Besen der Frau.

Elterliche Willkür

Im Juli vergangenen Jahres bekam eine Frau ihren zweiten Sohn. Dem ersten hatte sie zwölf Vornamen gegeben. Der zweite sollte genauso gut wegkommen. Doch das Standesamt weigerte sich. Darauf entschied das Amtsgericht, drei Vornamen reichten. Das Landgericht war großzügiger und wollte vier Vornamen zulassen. Nun entschied das Oberlandesgericht Düsseldorf, mehr als fünf Vornamen seien eine Belästigung für das Kind und Ausdruck elterlicher Willkür. Die zwölf Vornamen, die die Mutter sich wünschte, lauten: Chenek-Wahow, Migis-Kau, Nikapi-Hun-Nizeo, Alessandro, Majim, Chayara, Inti, Emesto, Prit-Hibi, Kioma, Pathar und Henriko.

Risiko im Auto

Jetzt, wo es warm wird, warnt die Allianz-Versicherung vor Frühlingsgefühlen am Steuer. Küsse seien eine oft unterschätzte Gefahrenquelle beim Autofahren. Eine Beifahrerin, die den Fahrer durch stürmische Küsse abgelenkt hatte, musste nach dem Zusammenstoß mit einem anderen Auto einen Teil des Schadens zahlen. Ebenfalls gelten als risikoreich: Handys, bellende Hunde und quengelnde Kinder.

Kamerun

Auf die Frage, wer in diesem Jahr Fußball-Weltmeister werde, antwortete der Tübinger Schriftsteller und Philologe Walter Jens: »Kamerun.« Seine Begründung: »Diese sympathischen Sportler hätten es verdient und nicht diese Mannschaften hochbezahlter, gelegentlich müder und störrischer Spieler.«

Was wie wächst

Heute wurde wieder einmal das merkwürdige Wort »Nullwachstum« benutzt. Wachsen heißt ja zunehmen. Wenn die Wirtschaft aber nicht zunimmt, das jedoch den Verantwortlichen nicht gefällt, dann sprechen sie von einem Nullwachstum. Da wächst dann nichts, es klingt aber so, als ob. Und wenn die Produktion gar zurückgeht, dann gibt es auch ein beschönigendes Wort, das heißt dann: »negatives Wachstum«.

Königliche Pokermiene

Alte, traditionelle Gebäude können baufällig sein. Als heute die Königin von England im Buckingham-Palast einen ihrer Untertanen zum Ritter ernannte, fiel unter lautem Getöse eine Zierleiste von der Decke auf den Kopf eines Gastes. Leicht verletzt wurde er von Dienern aus dem Saal geleitet, während die Königin – ungerührt, so als sei nichts geschehen – zum Ritterschlag ausholte.

Tausche

Welchen Wert die Bücher von Karl May in alten DDR-Zeiten hatten, belegt eine Anzeige, die 1974 in der *Thüringischen Landeszeitung* abgedruckt wurde: »Tausche Trabant gegen einundfünfzig Bände Karl May.«

Bastelanleitung

Zu DDR-Zeiten witzelte man: »Für eine Trabi-Montage braucht man nur zwei Leute: Einer faltet und einer klebt.«

Stumme Gondolieri

Die Gondeln in Venedig werden Trauer tragen, da die Gondolieri beschlossen haben, in Zukunft nicht mehr für ihre Kunden zu singen. Denn wenn sie ihr »O sole mio« erklingen lassen, dann sind sie nach der neuesten Erkenntnis des nach weiteren Einkünften suchenden Staates Unterhaltungskünstler und müssen Beiträge zur Rentenkasse zahlen. Das wollen sie aber nicht. Denn die meisten Gondolieri sind schon Rentner.

Das Wesentliche

Von wegen Kultur: Bald eröffnet in Frankfurt die größte Buchmesse der Welt. Heute schon hat die Stadt Frankfurt ein *Handbuch zur nichtsexistischen Sprachverwendung in öffentlichen Texten* vorgestellt. Danach soll es in Zukunft im sowieso langweiligen Amtsdeutsch weder Männlein noch Weiblein geben, sondern nur noch »geschlechtsneutrale« Bezeichnungen. Die Studie kostete 80 000 Mark. Nun werden alle Formulare der Stadt Frankfurt entsprechend umgearbeitet, das kostet ein Vielfaches mehr. Die Frankfurter Stadtväter haben in Zeiten der Finanznot eben den Sinn für das Wesentliche.

Antrag abgewiesen

In der oberbayrischen Gemeinde Olching erhalten Mitglieder des Gemeinderates zum jährlichen Volksfest Gutscheine für 24 Maß, also 24 Liter Bier. Das schien der Abgeordneten Gabriele Frank zu großzügig. Sie stellte den Antrag, zu sparen und das Freibier auf 20 Maß, also 20 Liter, zu senken. Der Kulturausschuss des Gemeinderates beriet den Sparvorschlag bei einem Schoppen Wein. Und was kam raus? Eine Erhöhung auf 30 Maß.

Schweinsfidel

Eine Aufführung besonderer Art veranstalteten hundert Schweine im Nordosten von Rumänien. Die Borstentiere wurden mit Obstresten gefüttert, die von einer Schnapsbrennerei stammten, woraufhin sie erkrankten. Sie wankten, konnten sich nicht mehr auf den Beinen halten und sanken in einen tiefen Schlaf. Der Bauer begann, ein Schwein nach dem anderen zu schlachten, bis der Tierarzt kam und erstaunt war über den starken Alkoholgeruch, der von den Schweinen ausging. Er stellte fest, die Tiere hatten eine Alkoholvergiftung, von der sie sich jedoch bald erholten. Jetzt erhalten sie Diätfutter.

Männer sind Memmen

Zwei französische Soldaten sind mit dem Heißluftballon zum Südpol geflogen und mit dem Fallschirm genau über dem Nullpunkt abgesprungen. Jetzt ist es ihnen – bei dreißig Grad unter null – zu kalt, und sie klagen über die extremen Belastungen, weil das Flugzeug, das sie abholen soll, wegen Sturms nicht landen kann. Fünf britische Frauen sind da tapferer. Sie sind auch heute beim Südpol angekommen, aber zu Fuß. Und statt sich zu beklagen, haben sie mit dem Telefon Prinz Charles in England angerufen, weil er der Schirmherr ihres Ausflugs ist. Die Frauen geben an, sie hätten während ihres Marsches wissenschaftliche Daten über den weiblichen Körper unter extremen Bedingungen gesammelt.

Leichenpass

Im Kern-Europa gibt es keine Grenzen mehr, jeder kann ohne Pass von Deutschland zu den meisten Nachbarn fahren. Als heute aber ein Leichenwagen mit einem Verstorbenen in einem Holzsarg an der deutsch-niederländischen Grenze vorfuhr, wurde der Fahrer vom Bundesgrenzschutz abgewiesen, weil die Leiche keinen Pass hatte. Der BGS beharrt darauf, dass ein Toter zur Einreise nach Deutschland einen internationalen Leichenpass sowie einen Zinksarg benötige. Der Fahrer musste umkehren.

Wer zu spät kommt, den bestraft das Leben

Wie ein moderner Don Quichotte führte sich der philippinische Staatschef Fidel Ramos auf. Weil seine Landsleute so schrecklich unpünktlich sind, wollte er sie mit einer Woche der Pünktlichkeit erziehen. Doch weil er nachts die Fernsehübertragung des Golfturniers aus den USA anschaute, verschlief er am nächsten Morgen und kam eine Stunde zu spät zur Eröffnung der Woche der Pünktlichkeit.

Matheschwäche

Man soll Sportler nicht überfordern. Von denen erwartet man viel, sie sollen die Schnellsten, die Höchsten, die Weitesten sein. Nur Rechnen soll man von ihnen nicht erwarten. Als im australischen Sydney darüber abgestimmt wurde, welche Stadt neuer Sitz des Internationalen Paralympischen Komitees sein sollte, war die Mehrheit für das rheinische Bonn. Aber die Abstimmung wurde leider für ungültig erklärt. Denn 88 Delegierte durften abstimmen, aber 90 Stimmen lagen in der Urne.

Richtig getippt

Im texanischen Dorf Roby wohnen 616 Menschen, und denen ging es in den letzten Jahren immer schlechter, da die Baumwollernte immer weniger einbrachte. Manch ein Farmer hat sich hoch verschuldet oder gar aufgegeben. Doch seit heute ist das Dorf gerettet. Denn 43 Bewohner des Ortes hatten sich zu einer Tippgemeinschaft zusammengeschlossen, und jetzt haben sie gewonnen. Und zwar den Jackpot der texanischen Lotterie: umgerechnet 75 Millionen Mark.

Hungerleider

Ein Huhn für einen Tiger ist wie eine Dattel für einen Menschen, klagt die Chefin des französischen Zirkus Gruss, die mit ihren Tigerkäfigen in der Nähe von Grenoble im Lastwagenstau steckt. Aus einer Autobahnraststätte erhielt jeder Tiger ein Huhn, doch die gestreifte Dschungelbestie frisst sonst zehn Kilo Fleisch am Tag.

Herr und Hund

Angeblich ist es kein Zufall, dass dicke Tiere auch dicke Herrchen haben. Nicht dass beide das Gleiche essen. Aber ein – wohlgemerkt englischer – Tierarzt sagte: »Der fetteste Hund, den ich je gesehen habe, gehörte dem fettesten Menschen, den ich je sah.«

Religionsfreiheit

Im ersten Artikel der amerikanischen Verfassung werden die Meinungs- und die Religionsfreiheit garantiert. Und diese Freiheiten legt der Richter Edward Nottingham aus Denver, Colorado weit aus. Er entschied, dass die Leitung eines Zuchthauses einem Gefangenen eine schwarze Robe stellen müsse, damit er als Teufelsanbeter satanische Rituale feiern könne.

Empirische Medienforschung

Während die ARD über die Euro-Währung und das ZDF über Parteien in Ostdeutschland berichteten, klärte RTL über die Wiederherstellung des Jungfernhäutchens und SAT 1 über Busengrapscher auf.« Das berichtet eine Studie des Kölner Instituts für Empirische Medienforschung. Die Wissenschaftler untersuchten vier Wochen lang die Informationsangebote von ARD, ZDF, RTL, SAT 1 und Pro Sieben. Und das Ergebnis lautet: Wer kommerzielle Fernsehsender bevorzugt, ist schlecht informiert. Politiker kommen danach bei den öffentlich-rechtlichen Sendern fünfmal häufiger zu Wort als bei den drei großen privaten. Das muss kein Vorteil sein, ist es aber vielleicht doch. Denn bei Pro Sieben gab es in den vier untersuchten Wochen nur einen einzigen Auftritt eines Politikers. Das war der nordrhein-westfälische Innenminister zum Thema »Polizistinnen als Lustobjekte«.

Lässiger, bitte

Vollendete Körperbeherrschung heißt im Tai-Chi: Geschmeidigkeit. Und deshalb meint der berühmte Tai-Chi-Meister Chungliang, die Deutschen hätten Schwächen, die durch diesen Sport gemildert werden könnten. Er sagt: »Sie sollten sich mehr der Freiheit und Beweglichkeit öffnen. Die deutsche Korrektheit könnte etwas mehr vom Tai-Chi-Weg der Balance annehmen.«

Alle Frösche fliegen ... hoch!

Warum, so mag man sich fragen, ist es für Wissenschaftler wichtig, Frösche fliegen zu lassen? Warum auch immer: Britischen und niederländischen Gelehrten ist es gelungen, Frösche zum Fliegen zu bringen. Sie benutzten dazu ein Magnetfeld, das eine Million Mal stärker ist als die Erde. Theoretisch kann man ebenso einen Menschen fliegen lassen. Oder, so die Wissenschaftler, auch eine Kuh.

Hobbygärtner

Woanders wächst, was nicht wachsen soll. Zum Ernteeinsatz rückten heute Polizisten in Essen aus, denn ein unbekannter Anrufer hatte verpetzt, dass jemand auf dem Parkplatz eines Gefängnisses zwei kleine Hanfplantagen angelegt hatte. Die Haschischpflanzen waren schon bis zu vierzig Zentimeter hoch gewachsen.

Der König der Löwen

Der Einfluss der Unterhaltungswelt geht weiter, als man gemeinhin denkt. Nehmen wir zum Beispiel den Löwen, der als Wappentier seit Jahrhunderten dem englischen Königshaus dient. In der Unterhaltungswelt lebt der moderne König der Löwen unter dem Namen Mufasa im Trickfilm von Walt Disney. Den Film haben offenbar auch die neuen Machthaber im Kongo gesehen und blitzschnell geschaltet. Denn jetzt ziert Mufasa das neue kongolesische Siegel. Und verdrängte so den Leoparden des gestürzten Diktators Mobutu.

Deutscher Formalismus

Der Deutsche Städtetag hat eine Untersuchung über die Verschmutzung von Städten durch Hundekot durchgeführt. Der Verschmutzungsgrad wurde nach der Formel Klammer auf, 3 mal s plus 2 mal h plus 1 mal ö, Klammer zu, geteilt durch groß N berechnet. *S* sind Städte, in denen auf Gehwegen Kot »in starkem Maß« gefunden wird, *h* wo's nur häufig vorkommt, *ö* ist öfters. *N* dagegen hat den Zahlenwert 7 bei absolutem Verbot, Hunde im Straßenraum ihr Geschäft verrichten zu lassen, dagegen den Zahlenwert 12, wenn Hundekot im Rinnstein erlaubt ist.

Fan – bis in den Tod

Fans des Fußballclubs Ajax Amsterdam werden in Zukunft ihrem Verein auch über den Tod hinaus treu bleiben können. Denn das Krematorium von Amsterdam hat hundertachtzig Quadratmeter Rasenfläche aus dem ehemaligen Ajax-Stadion auf sein eigenes Betriebsgelände verpflanzt. Von nun an soll die Asche von verstorbenen Fußballfans auf das ehemalige Spielfeld gestreut werden. Und dann werden für 220 Mark Gedenksteine aufgestellt – in den Vereinsfarben Rot und Weiß.

Fähnchen zuhauf

Bei der UNO-Konferenz Habitat II könnten die Megastädte der Welt vom rheinischen Köln lernen. Denn das städtische Amt für Kinderinteressen hat gemeinsam mit dem Bezirksamt Lindenthal und dem Kinderheim Sülz eine lehrreiche Aktion eingeleitet. Und die sieht vor, dass Kölner Kinder in jeden Hundehaufen, den sie auf ihrem Spielplatz entdecken, ein buntes Fähnchen stecken. Denn die Behörden hoffen, dass jeder Hundebesitzer, der ein Fähnchen auf dem Häufchen sieht, von seinem schlechten Gewissen übermannt wird und seinen Hund nie mehr auf einen Kinderspielplatz Gassi führt.

Das war knapp

In Oberhausen warf ein 29-jähriger Bauhandwerker seinen Lottoschein in den Abfall, obwohl er 1 700 000 Mark gewonnen hatte. Er konnte die Ziffern nicht richtig lesen. Als der Gewinnbetreuer der Lottogesellschaft bei ihm klingelte, wollte die Ehefrau den Mann abwimmeln, weil sie ihn für einen lästigen Vertreter hielt. Aber Gott sei Dank hatte sie den Müll vom Wochenende noch nicht weggeschmissen.

Passionen

Gegen den Vorwurf, die japanischen Männer seien kalt und herzlos, wehrt sich der Teepflanzer Shinsuke Kawaguchi mit den Worten: »Ich kümmere mich sehr um meine Frau. Wenn ich auch nicht sage ›Ich liebe dich‹, so halte ich doch ihre Hand. Und manchmal lobe ich ihr Essen: ›Es schmeckt gut.‹ Natürlich würde ich das nur sagen, falls ich gerade etwas Böses getan hätte.«

Weitere Aussichten

Geschenke erhalten
die Freundschaft

Fünf ehrenwerte deutsche Institute für Naturforschung haben den Verein Biopat gegründet, um mit ihren Entdeckungen Geld zu machen. Jedes Jahr werden mehr als 10 000 neue Pflanzen- oder Tierarten entdeckt, die noch keinen Namen haben. Nun kann jeder, auch Sie, meine Damen und Herren, einer Pflanze oder einem Tier einen Namen geben, wenn er Biopat 5 000 Mark zahlt. Es kann der eigene Name sein oder – wenn Sie jemanden überraschen wollen – auch ein anderer. Das muss nicht immer nett gemeint sein. Und offenbar war es schon jemandem vom Deutschen Tennis Bund 5 000 Mark wert, eine lahme, glitschige Meeresschnecke mit neuem Namen zu versehen. Sie heißt jetzt Bufonaria Boris Beckeri.

O *du fröhliche*

Morgen gibt es wieder den peinlichen Moment, wenn unter dem Weihnachtsbaum Geschenke liegen, bei denen man in große Freude ausbrechen muss – obwohl man sie grässlich findet. Das Kinderhilfswerk UNICEF hat sich der Sorge der Erwachsenen angenommen und etwas Kluges ausgedacht: Gemeinsam mit dem Internet-Auktionshaus ricardo.de können unglücklich Beschenkte ihre ungeliebten Gaben zugunsten der *Hilfe für Kinder in Not* versteigern.

Zu Recht

Manche Wahrheit entdeckt man erst, wenn's zu spät ist. So wurde letzte Woche Bruce Jensen aus Bountiful im Bundesstaat Utah geschieden. Er hatte erst drei Jahre nach seiner Hochzeit festgestellt, dass seine Frau ein Mann war. Und jetzt sagt Jensen: »Ich fühl mich richtig blöd.«

Nachwuchs

Da brat mir einer 'nen Storch – aber die Beine recht knusprig, sagte sich die Tierpflegerin Gisela Küppers voller Erstaunen, als sie im Nest eines schwulen Storchenpärchens ein Pinguinbaby entdeckte. Dabei war sie selber schuld. Im Osnabrücker Tierpark hatten Pinguine ein Ei aus ihrer Bruthöhle geworfen. Das schob die Tierpflegerin aus Spaß in das Nest der warmen Klapperstörche. Die nahmen den Scherz ernst und brüteten vierzehn Tage lang, bis der Pinguin schlüpfte.

Leo persönlich

Gerichte stehen manchmal vor der Frage, ob ein Tier bestraft werden kann. Da klagte ein Herr Meier aus München-Bogenhausen gegen Leo, den schlecht erzogenen Papagei seines Nachbarn. Denn Leo rief ihm bei jeder Gelegenheit nach: »Herr Meier hat keine Eier.« Das Verfahren wurde vom Gericht mit der Begründung eingestellt, ein Vogel könne niemanden beleidigen. Doch dann fand Herr Meier heraus, dass es Leo gar nicht gab, sondern der Nachbar selbst die Worte rief. Urteil: 2000 Mark Schmerzensgeld.

Fehlende PS

Die Beobachter der Organisation für Sicherheit und Zusammenarbeit in Europa, OSZE, haben viele Aufgaben. Ob es um den Frieden im Kosovo geht, um die Freiheit der Medien in ganz Europa oder um die Überwachung von Wahlen: Überall werden sie eingesetzt. Und heute kritisierten OSZE-Beobachter die Auszählung der Stimmen bei der Präsidentschaftswahl in Aserbaidschan. Einige Wahlkreise, die im Gebirge liegen, hätten keine Ergebnisse abgeliefert. Doch der Sprecher der Wahlkommission, Arif Gusseinow, wusste dafür eine Begründung. Das Pferd, das die Ergebnisse der Wahl in die Provinzhauptstadt bringen sollte, sei gestürzt. Und es dauerte eben sehr lange, bis ein Ersatzpferd zur Stelle war.

Qual der Wahl

Wählen scheint doch schwieriger zu sein, als man denkt. Bei der Bundestagswahl in Deutschland gab es keine OSZE-Beobachter, aber so manch ein Amtsschimmel ist auch hier gestolpert. Zahlen kamen falsch an, weil ein Wahlleiter nicht mit dem Faxgerät umgehen konnte. Woanders wurden Stimmen doppelt gezählt oder aber gar vergessen. Und in Saarbrücken erhielten Briefwähler sogar Stimmzettel, bei denen schon jemand ein Kreuz gemacht hatte.

Kehrwoche

Eine Mannschaft kann nur gewinnen, wenn der Einzelne Sinn für die Gemeinschaft hat. Das gilt nicht nur im Fußball. Und deshalb hat der Oberbürgermeister von Stuttgart, Wolfgang Schuster, eine Aktion ausgerufen, die – so seine Worte – die örtliche Lebensqualität erhöhen soll. Unter dem Slogan »Let's putz Stuttgart« soll eine kollektive Kehrwoche stattfinden. Denn Stuttgart will mit dem Gesellschaftsputzen ins Guinness-Buch der Rekorde. Die Teilnahme sei freiwillig, meint der Oberbürgermeister, und die Aktion bedeute keinen Rückfall in die alten Tage der Zwangskehrwoche. Mehrere tausend Teilnehmer haben sich auch schon angemeldet. Denn die Kehrwoche fördere den Spaß an der Gemeinsamkeit und sei praktischer Umweltschutz.

Echt christlich

Von echten Christen könnte es ruhig mehr geben. Denn dass die Zehn Gebote nicht mehr sehr verbreitet sind, sehen wir ja immer wieder. Das erlebten letztens Patienten einer Londoner Privatklinik, wo man manchem reichen Kranken täglich 600 Mark nur für den Tee abknöpfte. Bei anderen standen 3600 Mark täglich für Mahlzeiten auf der Rechnung, obwohl sie zu krank waren, um zu essen. Raus kam das Ganze, weil ein Angestellter der Klinik ein schlechtes Gewissen hatte. Gott sei Dank.

Wie im Kino

Filmschauspieler haben ja nicht immer gleich ein neues Angebot, und damit sie zwischen zwei Filmen nicht verhungern, gibt es in Frankreich eine Arbeitslosenversicherung für das Filmgewerbe. Die ist jetzt pleite, und das liegt an den Schauspielern, die nicht arbeitslos waren. Das klingt paradox, ist aber so: Wer 507 Arbeitsstunden gedreht hat, der erhält – selbst wenn er eine Million Mark Gage für den Dreh bekam – nach der französischen Regelung Arbeitslosenunterstützung für den Rest des Jahres. Das haben sich selbst die teuersten und berühmtesten französischen Stars nicht zweimal sagen lassen und monatlich bis zu 4500 Mark kassiert. Der Skandal kam jetzt ans Tageslicht. Und wie haben die Filmschauspieler reagiert? Ganz wie im Kino. Sie haben natürlich den Rücktritt des Chefs der Versicherung gefordert. Warum? Weil er alles verpetzt hat.

Schwäbische Sterntaler

Die Schwaben nennen sich selbst äußerst sparsam, dass sie sogar »den Hund abschaffe und selber belle«. Das hat auch seine guten Seiten. Während heute der Deutsche Städte- und Gemeindebund ein Bündnis vorschlug, um die Verschuldung aller öffentlichen Haushalte zurückzufahren, hat die schwäbische Gemeinde Gersthofen nun endgültig beschlossen, zwischen dem 17. und 19. September jedem ihrer 20 000 Bürger hundert Mark aus dem prall gefüllten Stadtsäckel auszuzahlen. Die Gemeinde nimmt mehr Steuern ein, als sie benötigt. Und Bürgermeister Siegfried Deffner gibt den Bürgern jetzt zwei Millionen Mark zurück, weil er das Geld, wie er sagt, »nicht mehr anderweitig sinnvoll ausgeben kann«.

Titel zu verkaufen

Earl Spencer, der Bruder von Prinzessin Di, hat eine Reihe von adligen Titeln geerbt, darunter auch den des »Lord of Wimbledon«. Dieser Gutsherrentitel wurde im Jahr 1086 zum ersten Mal auf einer Urkunde vermerkt. Earl Spencer glaubt, er könne fünfzigtausend Pfund für das Adelsdiplom des Lord of Wimbledon erhalten. Und am liebsten wäre ihm als Käufer Boris Becker, weil der dreimal das Tennisturnier von Wimbledon gewann.

Ratlos

Die deutsche Botschaft in Schweden stand vor der Frage, ob sie schwedische Leichenpässe zur Überführung von Toten nach Deutschland anerkennen darf oder ob fast inhaltsgleiche deutsche Papiere ausgestellt werden müssen. Der Botschafter in Stockholm bat das Auswärtige Amt um Weisung. Doch die Bonner Diplomaten fragten erst einmal die Beamten vom Innenministerium, dann die vom Verkehrsministerium und schließlich auch die vom Gesundheitsministerium um Rat. Nun wandte sich das Gesundheitsministerium hilfesuchend an die sechzehn Landesgesundheitsministerien. In Schleswig-Holstein schrieb die Gesundheitsministerin deshalb fünfzehn Landräte an. Und die reichten die Frage weiter, bis sie in der Sechstausend-Seelen-Gemeinde Trappenkamp ankam. Dort aber weigerte sich der Bürgermeister Gert Pechbrenner, zu dem Problem Stellung zu beziehen. Nun weiß man in Stockholm nicht weiter.

Wer tritt das Erbe an?

Der fünfundfünfzigjährige Bruno Ganz hat jetzt eine Bedenkzeit von drei Monaten. Dann muss er einen Brief beim österreichischen Staat abgeben, in dem er seinen Nachfolger als »größten Schauspieler deutscher Zunge« festlegt. Josef Meinrad musste drei solcher Briefe verfassen, da zwei seiner Kandidaten vor ihm starben.

Fünf Prozent

Genug Szenen für Komödien bietet die Europäische Kommission, die entscheiden musste, ob das Reinheitsgebot für Schokolade durch die Beimischung von fünf Prozent Pflanzenfett aufgelockert werden darf. Das wollen die Engländer, weil sich Schokolade dann besser in Plätzchen einbacken lasse. Heute wurde nach dreieinhalbjähriger Beratung beschlossen: Jeder kann es machen, wie er will.

O-Rausch

Verkehrspolizisten leiden in den Straßen besonders unter der verschmutzten Luft. Deshalb genehmigen ihnen die Behörden der nordchinesischen Stadt Dalian einmal in der Woche den kostenlosen Besuch einer Sauerstoff-Bar.

Was in einen Döner muss

Inzwischen wachen deutsche Behörden auch streng über den Döner. So hat die Kreisordnungsbehörde Rendsburg-Eckernförde einen Bußgeldbescheid gegen einen Türken verhängt, weil in seinem Betrieb Döner hergestellt wurden, die nicht der vom Berliner Schöffengericht Tiergarten festgelegten »Verkehrsauffassung« über Döner-Rezepte entsprachen. »Woher aber stammt die Döner-Auffassung deutscher Behörden?«, fragt die den bestraften Türken vertretende Anwältin Maja Stadler-Euler – »bisher war noch niemand in der Türkei, um das Rezept zu prüfen.«

Schlafmittel

Falls Sie an Schlafstörungen leiden, meine Damen und Herren, legen Sie Ihr Handy auf Ihr Kopfkissen. Die Mainzer Universitätsklinik hat nämlich herausgefunden, dass die Zeit zum Einschlafen durch ein Handy in Kopfnähe erheblich verkürzt wird. Sie fangen auch schneller an zu träumen. An den Traum selbst werden Sie sich aber kaum erinnern. Denn das Handy verursacht Gedächtnislücken.

Wie die Raben

Für eine symbolische Mark können Rechtsanwälte in den Gerichten von Berlin eine für die Sitzung vorgeschriebene schwarze Robe leihen. 120 Leihgewänder hat die Anwaltskammer angeschafft für Kollegen, die zum Termin eilen und zu schusselig waren, ihr eigenes Tuch mitzubringen. Teuer sind die Roben. Eine kostet 400 Mark. Nun klagte heute die Geschäftsführerin der Anwaltskammer, Vera von Doetinchem, Rechtsanwälte klauten Roben wie Raben, denn fünfundzwanzig Gewänder im Wert von 10 000 Mark haben die Anwälte vergessen zurückzugeben.

Von Nichtwählern gewählt

Nichtwähler nennt man diejenigen, die nicht zur Wahl gehen. Das ist nicht ganz korrekt. Denn in manchen Wahlkreisen von Baden-Württemberg stand auch die Nichtwählerpartei auf dem Stimmzettel. Und nach dem amtlichen Endergebnis bekannten sich 1863 Wähler mit einem Kreuz auf dem Stimmzettel als Nichtwähler.

Gute Lektüre

Was bedeutet »gut lesen«? Friedrich Nietzsche meint: langsam, tief, rück- und vorsichtig, mit Hintergedanken, mit offen gelassenen Türen, mit zarten Fingern und Augen lesen.

Klare Worte

Was unserem Land fehlt, sind nicht die Kritiker«, schrieb Christine Brückner, »die gibt es zur Genüge, es fehlt ihm an Liebhabern.«

Geteiltes Leid

Manfred Krug war immer nur Manfred Krug. Das macht ihn innerlich stark. Als ihm, dem berühmten Schauspieler, 1968 der Staatsratsvorsitzende Walter Ulbricht den Nationalpreis der DDR überreicht, sagt ihm Krug: »Wir beide haben es in einem Punkt gleich schwer.« Ulbricht erstaunt: »Was, wir beide? Wieso?« Krug: »Unser hoher Bekanntheitsgrad erlaubt es uns nicht, öffentlich in der Nase zu bohren.«

Kopf hinhalten

Die Deutschen sollten sich nicht so grämen, dass es mit der Weltmeisterschaft im Fußball nicht geklappt hat. Denn auf anderen Gebieten sind sie unschlagbar. Bei der Weltmeisterschaft in der südkoreanischen Hauptstadt Seoul haben deutsche Friseurteams heute am besten abgeschnitten. Sie holten sich zwei von vier Weltmeistertiteln. Im Damenfach siegten sie mit einer gelungenen »Verbraucherfrisur« für jeden Tag, einer eleganten »Abendfrisur« und einer künstlerisch wertvollen Finger-Fön-Frisur.

Vorsicht: wetterfühlig

M ark Twain hat von Ameisen behauptet, sie seien die faulsten Tiere der Welt, sie würden nur arbeiten, wenn man hinschaut. Der Ameisenexperte der Universität Lausanne, Professor Laurent Keller, bestätigt dies nun zum Teil. Er veröffentlichte heute eine Studie, wonach Ameisen sich zu Arbeiteraufständen gegen die Königin zusammenschließen. Es komme sogar vor, dass sich die Arbeiterinnen unter den Ameisen zuweilen auf die männlichen Ameisen stürzen und sie zerbeißen. Zur Niederschlagung von Aufständen hätten manche Ameisenarten »Polizeitruppen« entwickelt, die Gifte versprühen könnten. Die Gründe für Ameisenrevolutionen hat Professor Keller noch nicht herausgefunden. Er meint, es könne am Klimawechsel liegen.

Sexy soldiers

Der Mensch wird nackt geboren. Und offenbar wächst er nackt auf. Geht nackt zur Schule, nackt in die Lehre. Aber dann wird er zur Bundeswehr einberufen. Und die mag keine nackten Soldaten. Deshalb wird der Mensch auf Kosten des Bundes eingekleidet. Ja sogar die Unterwäsche wird dem Soldaten im Dienst gestellt. Aber der bisher nackte Mensch ist anspruchsvoll. Er findet die Bundeswehr-Unterwäsche unerotisch. Und da es keine anderen Probleme gibt, hat sich das Bundeskabinett mit der Frage der Unterhosen beschäftigt und einen Gesetzesentwurf gebilligt, wonach Soldaten in Zukunft fünfzig Mark erhalten, damit sie erotische Unterwäsche kaufen können. Die ist dann unter dem Kampfanzug zu tragen.

Vielfältiges Angebot

Selbst der Tod hat wirtschaftliche Folgen. Weil anonyme Beerdigungen sehr viel billiger sind, haben nicht nur die Bestatter, sondern auch die Friedhöfe zunehmend wirtschaftliche Probleme. Und ganz wie moderne Dienstleistungsunternehmen gehen Friedhöfe inzwischen auf alle Wünsche der Kunden ein.

Postwendend

Zu Goethes Zeiten gehörte die Post noch dem Fürsten von Thurn und Taxis, und da haben die Postboten ohne Schwierigkeiten jedes Schloss gefunden. Heute ist das anders. Letztens wollte Professor Andreas Pfingsten aus Münster eine wissenschaftliche Abhandlung eiligst per Eilboten an Professor Johann Heinrich von Stein an die Universität Hohenheim schicken. Die Adresse der Universität Hohenheim lautet: Schloss Osthof. Ein Schloss, sagte der Postbeamte in Münster, sei keine Straße, und er verweigerte die Annahme der Eilpost.

Verglichen mit den USA

In Deutschland werden immer mehr Staubteufel beobachtet. Das meldet der Deutsche Wetterdienst. Staubteufel werden Luftwirbel genannt, die einen Durchmesser von wenigen Metern haben und nur eine kurze Strecke wandern, bevor sie erschöpft zusammenbrechen. Staubteufel entstehen, wenn die Sonne stark scheint. Und sie können kleine Gegenstände hochwirbeln. Aber gegenüber Windhosen, wie sie in Amerika entstehen, sind sie arme Teufel.

Auster oder Apfel

Eine Umfrage zeigt, wie wenig Europäer zu Gemeinsamkeiten neigen. 56 Prozent der deutschen und 51 Prozent der britischen Manager halten Geschäftsessen für Zeitverschwendung, während 82 Prozent der französischen und 71 Prozent der italienischen Bosse ins Restaurant streben. Dort legen die Franzosen Wert auf drei Gänge, die Spanier auf zwei. Am Schreibtisch verschlingen dagegen 82 Prozent der Briten und 89 Prozent der Dänen mittags nur schnell eine Butterklemme.

Mein größter Wunsch

Einmal in den Weltraum reisen ist für viele Menschen ein großer, unerreichbarer Traum. Unerreichbar sind aber auch die kleinen Dinge, von denen Menschen im Weltraum träumen. So sehnt sich die wissenschaftliche Astronautin Kathryn Thomton, die sich in diesem Augenblick im Shuttle auf einem der längsten Flüge der amerikanischen Raumfahrt befindet, nach einer ganz gewöhnlichen Pizza, und Kenneth Bowersox, Kommandant der Raumfähre, schwärmt: »Es geht nichts über eine gute Dusche.«

Alles ist relativ

Das hat uns Albert Einstein schon beigebracht. Und diese Feststellung gilt auch für das Alter eines Menschen. Als dem langjährigen südkoreanischen Oppositionsführer Kim Dae Jung vorgeworfen wurde, er sei zu alt, um Präsident zu werden, antwortete er: »Nach amerikanischer Zählung bin ich 71. Aber sechs Jahre saß ich im Gefängnis, und zehn Jahre lang befand ich mich im Hausarrest oder im Exil. Deshalb sollten sechzehn Jahre abgezogen werden. Dann bin ich nur 55.«

Schnellservice

Es gibt, so beklagen die Kirchen, immer weniger Gläubige. Und die, die ihnen bleiben, werden immer anspruchsvoller. Vor Ostern steige zwar die Bereitschaft zu Buße und Umkehr, aber nicht irgendwo, sondern vorzugsweise in schöner Umgebung. Wallfahrtskirchen haben deshalb großen Zulauf. Beichten wollen die Sünder zwar gern, aber nicht lange warten. Deshalb hat die schwäbische Kirche »Maria Vesperbild« in Ziemetshausen einen »Schnellservice« eingerichtet, der den Sündenerlass ohne Anstehen garantiert.

Tönungscremes
und Aufheller

Nach Gambia reisen viele Europäerinnen, um sich einen Urlaub lang verwöhnen zu lassen – von Afrikanern, die der Frauen helle Haut begehrenswert finden. Nun schlucken, um ihre Männer zurückzugewinnen, die dunkelhäutigen Frauen von Gambia chemische Mittel, durch die ihre Haut heller wird. Das ist richtig zur Mode geworden. Die Produkte lösen jedoch Hautkrankheiten, ja sogar Krebs aus. Deshalb hat die Militärregierung von Gambia heute den Frauen verboten, ihren Körper zu bleichen. Schließlich kämen die Weißen ja auch nur, um sich zu bräunen.

Streiktherapeuten

Auf dem römischen Flughafen Leonardo da Vinci wurde heute ein »Komitee für außergewöhnliche Zustände« gegründet. Es wird Fluggästen helfen, die wegen der häufigen Streiks völlig verzweifelt sind. Das Komitee wird zwar nichts an den Streiks ändern, aber den gestressten Passagieren einen Psychologen vermitteln, der sie dann beruhigt.

Zeitalter der Technik

Es sei bei den meisten Erfindungen so, meinte Konrad Zuse, dass sie harmlos anfangen und niemand so richtig überblickt, was daraus werden kann. Nehmen Sie das Auto, sagte er, das ist heute das schlimmste aller Mordwerkzeuge. Es hat die meisten Toten auf dem Gewissen. Wollen wir es abschaffen? Können wir es noch? Wenn kritische Situationen auftreten, ist es meistens so: Die Technologie ist eingefahren und lässt sich nicht mehr auf null zurückschalten.

Mal nachgefragt

Eine der vielen überflüssigen Umfragen des Tages besagt, dass nur fünfundsechzig Prozent der deutschen Männer aus Liebe heiraten. Sechs Prozent wegen der Steuervorteile oder wegen eines Kindes. Fünf Prozent, weil *sie* vermögend ist, und drei Prozent, weil es dem Beruf förderlich sei.

Ein schöner Kinoabend

Eine hamletsche Dimension hat es, wenn der israelische Premierminister Benjamin Netanjahu mal einen Film sehen will. Als er gestern Abend mit seiner Frau ins Kino ging, löste er sechzig Karten. Zwei für sich, den Rest für die Leibwächter, die sich rund um das Ehepaar platzierten.

Selbsteinschätzung

Und wie sehen sich die Deutschen selbst? Nach einer Umfrage in der *Woche* sagen 82 Prozent, die Deutschen seien weltoffen; 78 Prozent: friedlich; 68 Prozent: modern; 63 Prozent: selbstbewusst; 56 Prozent: überheblich.

Mit ins Grab genommen

Aus Polen meldet die Nachrichtenagentur AFP, dort sei auf dem Friedhof von Slupca ein Mann mit seinem Handy begraben worden und habe damit prompt Panik ausgelöst. Denn das Telefon habe sich einen Tag nach dem Begräbnis seines Besitzers in dem Moment mit lautem Klingeln aus dem Grab gemeldet, als nebenan eine weitere Bestattung stattfand. Eine Frau fiel in Ohnmacht, andere Trauergäste flohen entsetzt. Schließlich hörte das Geklingel aus dem Grab auf – offenbar war der Akku leer.

Dumm gelaufen

Das holländische Umweltministerium hat seinen 4500 Mitarbeitern Satteltaschen für ihre Fahrräder geschenkt. Jetzt sind die Beschenkten aufgefordert, die Taschen zurückzugeben – oder, falls sie sie behalten wollen, sie nicht wegzuwerfen. Denn die Satteltaschen sind aus einem Material mit dem Schwermetall Kadmium hergestellt worden, und das ist äußerst umweltschädlich.

Wunderheiler gesucht

Der Dalai Lama hat der Frauenzeitschrift *Amica* gesagt, Wunder könne er keine bewirken, glaube auch nicht, dass es Menschen mit übernatürlichen Fähigkeiten gebe. Aber er habe ein Problem mit seinem Rücken. Deshalb, so der Dalai Lama, falls jemand einen Wunderheiler kenne, möge er ihn bitte schicken.

Streikende Weihnachtsmänner

Es gibt Feste, meine Damen und Herren, die passen nicht in jede Gegend der Erde. Weihnachten zum Beispiel. So gibt es auf der südlichen Halbkugel in einem brasilianischen Einkaufszentrum in São Paulo in diesen Tagen einen Arbeitskampf, in dem die Gewerkschaft eingeschaltet wurde, weil die dort beschäftigten Weihnachtsmänner keine roten Zipfelmützen tragen wollen. Ein weißer Rauschebart sei schon genug. Schließlich ist es dort dreißig Grad heiß.

Richtig versichert?

Nicht Elche, sondern Stiere fahren am besten Auto. Das hat eine britische Versicherung errechnen lassen. Autobesitzer vom Sternzeichen Stier erhalten deshalb einen kleinen Abschlag. Während Jungfrauen, Löwen und Schützen häufiger als der Durchschnitt in Unfälle verwickelt sind und nun mehr zahlen müssen. Nach Berechnungen der Hill House Hammond Versicherung fahren auch Fische, Widder und Zwillinge besonders sicher – in England.

Kindermund

Er habe nie für Kinder gezeichnet, sondern stets nur für sich selbst, bekannte Charles M. Schulz und sagte: »Ich mag Kinder nicht besonders. Sie verstehen so wenig. Einmal habe ich in einem Kindergarten einen Snoopy an die Tafel gezeichnet, da stand ein kleiner Junge auf und sagte: Können Sie nicht einen besseren malen?«

Nützlich,
aber nicht schön genug

Schwedische Behörden schenkten König Carl Gustaf eine Solaranlage zum fünfzigsten Geburtstag. Damit wollte Seine Majestät sein Schloss in Stockholm heizen. Doch das wurde dem König verboten von den Beamten des Reichsantiquaramts, das für Denkmalschutz zuständig ist. Die Solaranlage sei zu hässlich. Allerdings wäre sie nur zu sehen, wenn man über das Schloss fliegt.

Drei Weltrekorde

Ist die Welt verrückt, oder sind es nur ein paar Leute? Etwa der Weltmeister im Papierschiffchenbauen, der heute in Brühl mit 1300 Kilometern den Weltrekord im Achterbahnfahren aufstellte, oder der Weltrekordler René Beauvais, der am Montmartre in Paris bei einem zwei Wochen dauernden Lauf mehr als eine Million Stufen hinauf- und hinabstieg, oder gar der vierzehnjährige Jean-Michel Moulin, der mit einem Wurf von sechsunddreißig Metern und dreißig Zentimetern neuer Weltmeister im Schleudern von Baskenmützen wurde.

Absurdes Theater

Morgen werden Sie hie und da lesen, Eugène Ionesco sei im Alter von 81 Jahren gestorben, obwohl er 84 war. Schuld an der Verwirrung ist er selbst: Denn als er im Alter von 42 Jahren seinen ersten Erfolg mit dem Absurden Theater hatte, meinte ein Freund, 42 sei zu alt für einen Avantgardeautor. Also machte Ionesco sich 39.

Kaninchenplage

Ob Pumuckl in Japan die europäische Kultur verteidigen kann? Kobolde und Klabautermänner gehören zu den Traumfiguren des alten Kontinents, ebenso wie der Osterhase. Dem droht jetzt Gefahr aus dem Fernen Osten. Die australische Anti-Kaninchen-Stiftung will den Osterhasen abschaffen, da die aus Europa eingeführten Kaninchen sich zur Landplage entwickelt haben. Stattdessen gibt es in Australien jetzt das Oster-Bilby: Bilby ist ein wonniges Beuteltier mit großen Ohren, spitzer Schnauze und seidenweichem graublauen Fell. In Südaustralien hat sich dieser heimische Kaninchennasenbeutler gegen den Osterhasen schon durchgesetzt.

Potz Blitz!

In einer der überflüssigen Statistiken wird heute gemeldet, sechzig Prozent der Deutschen seien mit ihrem Sommerurlaub unzufrieden. Davon regten sich zwanzig Prozent über Umweltverschmutzung am Urlaubsort auf, weitere zwanzig Prozent über Staus oder Verspätungen der Verkehrsmittel. Zwölf Prozent verbrachten aus irgendeinem Grund ihre Ferien in der Nähe von Baustellen. Und sieben Prozent ärgerten sich über – das Wetter.

Rot ist nicht rot

Diese Erkenntnis kostet eine Druckerei in Rheinland-Pfalz einen Batzen Geld. Die hatte nämlich 720000 Briefumschläge für die Europawahl hergestellt – in sehr schönem Hellrosa. Doch der Landeswahlleiter Klaus Maxeiner reklamierte. Er will dunkelrote Briefumschläge. Hellrosa führe zur Anfechtung der Wahl. Denn in Paragraph 38 des Europawahlgesetzes steht, dass die Umschläge in HKS-21N-Rot gedruckt werden müssen, und das ist Dunkelrot. Die Druckerei muss nun auf eigene Kosten 720000 neue Umschläge nachliefern – in besagtem HKS-21N-Rot.

Spät dran

Die Menschen werden immer älter. Und das schafft den Computern Probleme. Katharina bekam vor Kurzem von der AOK in Hamburg einen Brief. Darin stand: »Du hast schon fast *ein* Lebensjahr vollendet. Nun ist es Zeit für die sechste ärztliche Untersuchung. Sie umfasst die Kontrolle der Sinnesorgane, des Nervensystems und der Körperhaltung.« Katharina wird allerdings nicht ein Jahr alt, sondern hundertundeins.

Erklärungsnöte

Es ist heiß, fürwahr. Und weil er nichts anderes fand, um seinen Durst zu löschen, habe er das Kühlwasser seines Wagens getrunken. Das erklärte ein 25-jähriger Mann heute der bayrischen Grenzpolizei, die den Autofahrer mit zwei Promille Alkohol im Blut angehalten hatte. Der Alkohol, so die Ausrede des Betrunkenen, stamme sicher von dem Gefrierschutzmittel im Kühlwasser. Die Polizei nahm ihm die Ausrede nicht ab – aber den Führerschein.

Kunst oder Hintern

Die Menschenwürde wiegt schwerer als das Grundrecht auf künstlerische Freiheit. Daran wird niemand zweifeln. Aber es beschäftigt die Gerichte in Bayern. Vor zwei Jahren hatte der Liedermacher Hans Söllner beim Vortrag eines polizeikritischen Lieds während eines Konzerts zwei Polizisten seinen nackten Hintern gezeigt. Die waren beleidigt und klagten. Doch das Landgericht sprach den Liedermacher frei, da es sich um Kunst gehandelt habe. Aber das Bayerische Oberste Landesgericht hob den Freispruch auf, denn es müsse geprüft werden, ob nicht die Menschenwürde der Polizisten gegenüber der künstlerischen Freiheit ins Hintertreffen geraten sei.

Ich glaub,
mich tritt ein Pferd!

Im rheinischen Esch-Auweiler liegt der Stöck-heimer Hof, ein denkmalgeschütztes Gut, das zum Teil als Reiterhof genutzt wird. Die Firma Pandion will dort 43 Wohneinheiten er-bauen »unter völliger Renovierung und Erhalt« des Gebäudes und »ökologischer Gestaltung des Umfeldes«. Projektleiter Reinhold Knödel schwärmt: »Die Wohneinheiten sollen so gestal-tet werden, dass – wobei wir nicht als kinder-feindlich gelten möchten – nach Möglichkeit alleinstehende Personen und Doppelverdiener, also kinderlose Haushalter, untergebracht wer-den. Damit«, so der Planer, »würde verhindert, dass Kinder, ähnlich wie das auch durch Pferde geschieht, das gärtnerisch gestaltete Umfeld be-einträchtigen.« Pferde wird es allerdings auf dem Hof geben. Die Behörden stimmen dem Bauplan uneingeschränkt zu.

Üb' immer
Treu und Sauberkeit

Kultur ist für die Deutschen zunächst eine Frage der Sauberkeit. Deshalb heißt die Reisetasche für Zahnbürste, Haarwaschmittel und Seife: Kulturbeutel.

Verschwitzt?

Die Deutschen sind ja weltbekannt als seelische Grübler, die sich in Selbsterfahrungsgruppen verwirklichen. Aber es gibt auch körperliche Schwächen, die man gern gemeinsam bekämpft. Die sommerliche Hitze hat nun dazu geführt, dass am Mittwoch an der Berliner Charité die erste Selbsthilfegruppe gegen starkes Schwitzen gegründet wird. Darunter leidet angeblich ein Prozent der Bevölkerung, das sind immerhin 800 000 Deutsche.

Umständliche Route

Gien und Linda Thomas aus Manchester reisten zur Hochzeit ihrer Tochter nach Santa Lucia auf den britischen Antillen. Sie flogen von England ab und landeten auf Antigua. Wegen eines nahenden Hurrikans wurde die Insel geräumt, und die beiden flohen in die Dominikanische Republik. Doch von dort gibt es keine Verbindung nach Santa Lucia. Dem Ehepaar Thomas wurde geraten, nach England zurückzukehren. Der nächste Flug ging aber erst vier Tage später. Endlich in London, hatte der Flug nach Santa Lucia acht Stunden Verspätung. Nach sechs Tagen kamen sie ans Ziel. Die Hochzeit war wegen des Sturms sowieso verschoben worden.

Geld macht nicht glücklich

Ein Untertan der Queen namens Ken Pattison gewann vor zwei Monaten dreieinhalb Millionen Mark im Lotto. Davon kaufte er ein Häuschen und einen gebrauchten Fernseher. Dann ging er in die Kneipe. Jeden Tag, bis es ihm langweilig wurde. Jetzt bewirbt er sich um einen Job als Gerüstbauer. Der Lohn, sagt Pattison, sei nicht so wichtig. Hauptsache, er habe was zu tun.

Sieben auf einen Streich

Das tapfere Schneiderlein, das sieben Fliegen auf einen Streich tötete, hält immer noch den Weltrekord. Auch in diesem Jahr wird in dem Ort Pelkosenniemi in Lappland die Weltmeisterschaft im Mückentöten abgehalten. Heute geht es in die Endrunde. Innerhalb von fünf Minuten müssen die Wettkämpfer in einem begrenzten Gebiet so viele Mücken wie möglich erschlagen. Wegen des außergewöhnlich warmen Wetters hoffen die Veranstalter auf die Teilnahme vieler Mücken, um den Rekord von sieben zu brechen. Sieben in fünf Minuten sei wenig, räumt Organisator Kai Kullervo Salmijarvi ein, aber die blutsaugenden Insekten würden von den Zuschauern aus der Wettkampfarena weggelockt.

Sieben Schläfer

"Regnet es am Siebenschläfertag, der Regen sieben Wochen nicht weichen mag«, besagt die Bauernregel für das Wetter. Sie beruht auf einer alten Sage, wonach im Jahr 251 sieben junge Christen, die wegen ihres Glaubens verfolgt wurden, sich in einer Höhle bei Ephesos versteckten und dort eingemauert wurden. Als die Mauer 195 Jahre später an einem 27. Juni wieder geöffnet wurde, lagen sie friedlich schlummernd in der Höhle. Das hat mit dem Wetter zwar nichts zu tun, aber jede Bauernregel braucht eben eine Legende.

Auf den Geschmack gekommen

Wenn Schaumgummi gut schmeckt, wird dies für die Weltraumfahrt zum Problem. Der Start der amerikanischen Raumfähre Discovery muss verschoben werden, wenn es nicht gelingt, 71 Löcher von bis zu zehn Zentimetern Durchmesser in der Isoliermasse der Treibstofftanks zu stopfen. Die Löcher hat ein gelbgeflecktes Spechtpaar gepickt, das sein Nest direkt in der Startrampe gebaut hat.

Qualität oder Quantität

Wer in Deutschland eine Auflage von mehr als 300 erzielt, ist schon als Trivialautor gebrandmarkt«, sagt Autor Lothar-Günther Buchheim, dessen Erstauflage bei 200 000 liegt.

50 Jahre nach Kriegsende

Im neuen offiziellen Adressbuch des nieder-bayrischen Ortes Plattling stehen unter den Ehrenbürgern der Stadt – neben neunzehn kommunalen Persönlichkeiten – auch »Adolf Hitler, Reichskanzler« und »Heinrich Himmler, Reichsführer-ss«. Ein Versehen sei dies gewesen, mit Filzstift wurden die Namen getilgt, der Verkauf gestoppt. Aber: Ein Versehen muss es auch sein, dass beide noch Ehrenbürger von Plattling sind. Ob das nun so bleibt oder vielleicht lieber nicht, darüber wird jetzt am 18. April im Rat abgestimmt.

Gut angezogene Sitztiere

Es ist heute ja schon Mode, die Kinder in der Schule so zu dressieren, dass nur diejenigen »in« sind, die richtig – sprich teuer – angezogen sind. Nun haben Werbefachleute die Vorschulkinder als besonders wichtige Käuferschicht entdeckt, weshalb die Werbespots in Kinderprogrammen der kommerziellen Sender drastisch zunehmen. Sachverständige empfehlen deshalb, Kinder bis zu drei Jahren besser gar nicht fernsehen zu lassen. Die Wirklichkeit sieht anders aus: In jedem fünften Kinderzimmer steht ein Fernseher als Babysitter. Ein Fachmann des Deutschen Sportbundes meint: »Die Kinder von heute werden zu Sitztieren erzogen.«

Staubwolke

Die Deutschen sind als sauberes Volk bekannt, aber nicht als tolerantes. So schüttelt eine saubere Frau in Kassel einmal in der Woche ihre Bademate aus. Das stört jedoch den wenig toleranten Herrn, der unter ihr wohnt. Er zog vor Gericht und meinte, der Staub von oben lasse seine Blumen verdorren. Das Gericht beriet und beschloss: Die Bademate darf weiter ausgeschüttelt werden. So siegten Sauberkeit und Toleranz.

Frischer Wind

Das Montagsmagazin *Der Spiegel* hat vor einer Woche einen neuen Chefredakteur erhalten, um mit frischem journalistischen Gefühl dem Herausforderer *Focus* die Stirn zu bieten. Und prompt zeigt sich der Unterschied. »Sehnsucht nach Gefühl« heißt die Titelgeschichte der Weihnachtsausgabe von *Focus*. Dagegen die vom *Spiegel*: »Sehnsucht nach Sinn«.

And the Oscar goes to …

Wer einen Oscar erhält, darüber entscheiden 5043 Mitglieder der Filmakademie in Hollywood. Was dabei rauskommt, kann auch Zufall sein, denn keiner hat je alle Filme im Wettbewerb gesehen. Der Schauspieler Henry Fonda gab sogar zu, er habe meist seine Frau gebeten, den Stimmzettel auszufüllen.

Fast Food

Hans-Joachim Kulenkampff sagte ironisch über unser Medium: »Als wir angefangen haben mit dem Fernsehen, wollten wir ein Vier-Sterne-Restaurant aufmachen – nun haben wir eine Kette von Imbissbuden.«

Kettenreaktion

Eine nicht ganz alltägliche Kettenreaktion ereignete sich heute auf dem Flugplatz Atterheide bei Osnabrück. Ein Hund bellte. Daraufhin ging ein Reitpferd durch und streifte mit dem Kopf die linke Tragfläche eines landenden Sportflugzeugs. Die Maschine stürzte um und brach auseinander. Pilot und Reiterin sind wohlauf, das Pferd hat eine Schramme am Kopf.

Inhalt